MW01679122

Para

Tovar con mucha

fe de corazon

11/16/25

ALCIDES FERMAN

# Fe
# LA MONEDA DE DIOS

*Cuando la **fe** es TODO lo que tienes*

 ISBN_978-628-01-3651-6.


Autor: Alcides Ferman.
Título en español: **Fe, la moneda de Dios.**

Diseño y maquetación Clavos Hincados Publishers.
Corrección de estilo: Fernando Alvarado

Primer edición, mayo 2024.

Impreso en Colombia

## DEDICATORIA

*Dedicado a el autor y*
*consumador de la fe,*
*a* ***Jesucristo.***

# PRÓLOGO

Cuando se habla de la fe se piensa en definiciones y conceptos que hemos aprendido a lo largo de nuestro caminar en el evangelio, pero en la práctica es más que eso. La fe es ese vínculo que nos une a la fuente de *"toda buena dádiva y todo don perfecto"*; es la que nos une a nuestro soberano Dios que habita en la eternidad, pero actúa con inmediatez a favor de sus hijos. Más que acumular definiciones, necesitamos la experiencia de la fe, caminar en fe y vivir en el mundo de la fe.

Tenemos muchos insumos bíblicos que pueden ayudarnos para crecer en fe, desde personajes que vivieron por la fe hasta la ejecución de grandes milagros de sobrenaturalidad divina. Tenemos un capítulo de la Biblia dedicado a los del salón de la fama, los más famosos del texto sagrado; todos ellos llegaron a la cima únicamente por la fe. En otras palabras, lo que los llevó a la fama no fueron sus hechos, milagros u obras, fue su fe en Dios.

Si la fe es tan importante, ¿por qué no buscarla? ¿por qué no dedicarnos a crecer en ella? Porque si la fe llega, lo demás vendrá con ella. Todos queremos que las cosas ocurran, por eso las pedimos al cielo, pero la fe juega un papel determinante en lo que va a pasar entre petición y respuesta.

El libro que tiene en sus manos, escrito por el pastor Alcides Ferman; un hombre de Dios dedicado al ministerio por muchos años, nos presenta en todo su contenido, abundancia de recursos sobre la fe. En esta obra se vierten no solo la teoría, sino la experiencia que el autor ha tenido en su relación con el Señor en diferentes circunstancias de la vida.

Fe, la Moneda de Dios, es una obra literaria que hacía falta en nuestras bibliotecas, físicas o virtuales. Estoy seguro que bendecirá al Cuerpo de Cristo y muy particularmente a todo aquel que lo lea con expectativa de encontrar insumos bíblicos sobre la fe que conquista.

Recomiendo el libro *"Fe, la Moneda de Dios"* a toda persona que necesite crecer en fe. Muy indispensable se vuelve para todo aquel que lleva una relación de hijo a Padre con Dios, así como también quienes desempeñan funciones de liderazgo en la iglesia del Señor, tanto laicos como pastores.

*Julio Ernesto Agreda*
Pastor y escritor de la serie
Predicación con Frescura

# ÍNDICE

# INTRODUCCIÓN

El autor del libro de Hebreos nos dice que la fe es *"la certeza de lo que se espera, la convicción de lo que no se ve"* (11:1). Tan importante es la fe que, sin duda, ningún otro componente de la vida cristiana es más importante que la ella. La fe no es algo que podamos comprar, ni vender, ni tampoco dársela a nuestros amigos. Esto nos lleva a preguntarnos entonces, ¿Qué es la fe? y ¿Qué papel juega la fe en la vida cristiana? ¿En qué forma la fe afecta nuestra relación con Dios y la recepción de sus bendiciones?

El diccionario define la fe como "el asentimiento a la revelación de Dios" y como "seguridad, aseveración de que algo es cierto".[1] La fe bíblica implica tanto la creencia como la confianza y devoción a Dios. Pero más allá de un simple diccionario, la Biblia tiene mucho más que decir sobre la fe y lo importante que es. De hecho, es tan importante que sin fe no podemos ser aceptables ante Dios o esperar morar con Él. Sin fe es imposible agradarlo (Hebreos 11:6). La fe real, bíblica, es la creencia en el Dios único y verdadero, sin verlo realmente.

---

1. Real Academia Española, DRAE, "Fe", https://dle.rae.es/fe Consultado el 01/09/2023

La fe es un regalo de Dios, Él es la fuente de esta (Efesios 2:8-9); sin embargo, es también un acto personal: la respuesta libre del hombre a la iniciativa de Dios que se revela. En pocas palabras, la fe es la convicción de ver con los ojos espirituales el cumplimiento de las promesas de Dios, aunque esas promesas suenen como algo irreal o algo ilógico para muchos, más no así para el que cree.

O tenemos o no tenemos fe, no hay un punto medio. No podemos dar lugar a la duda, sino decir que las promesas de Dios son sí, y solo sí, amén en el Amado, nuestro Señor Jesucristo. Dicho esto, mi estimado lector, quiero contarte algo:

Decidí escribir este libro con el propósito de ser de bendición a hombres y mujeres de Dios que estén interesados en experimentar la fe como uno de los mayores recursos que Dios nos ha dado. De hecho, la fe es el último (y a veces único) recurso que nos queda cuando ya no hay nada en que apoyarse, aunque en realidad debería ser el primero.

Lo que escribo en este libro es el fruto de mi experiencia. He conocido a Dios y lo he visto obrar cuando no he tenido en qué sostenerme, en qué apoyarme cuando los recursos se han acabado y solo he tenido la fe. Espero que este libro te ayude mucho a vencer obstáculos y superar desafíos en tu vida.

***"Fe, la moneda de Dios",*** es un libro pensado y escrito para aumentar tu fe y convertirla en algo fructífero y que al mismo tiempo te permita llegar a conocer lo desconocido. Usar la fe como la moneda de Dios, significa que cuando no tengas nada, excepto tu fe, es entonces cuando lo llegas a tener todo ¡no hay mejor moneda que la fe! Esto no quiere decir que la fe solo obra en lo material, la fe funciona en todo aquello que le creamos a Dios, porque ella viene de Dios.

¿Cómo surge la idea de escribir este libro? Surge de mi propia experiencia con Dios. *"Fe, la moneda de Dios"* es el fruto de incontables momentos en mi vida en los que lo único que me ha quedado es la fe, y eso me ha enseñado a vivir creyendo que Dios hará cualquier cosa a favor de los que le creen y que ponen su confianza en él.

Al igual que Pablo, puedo afirmar que he comprobado en carne propia que aquél *"que no escatimó ni a su propio Hijo, sino que lo entregó por todos nosotros, ¿cómo no nos dará también con él todas las cosas?"* (Romanos 8:32).

Esa misma confianza que yo he desarrollado en la provisión y soberanía divina es la misma que todo creyente necesita. Vivimos tiempos difíciles, peligrosos y complejos, donde se necesita más fe que nunca, y en los cuales se cumplirá el versículo que dice: *"mas el justo por fe vivirá"* (Habacuc 2:4). Es por eso que *"Fe, la moneda de Dios"*, es un libro que servirá a todo aquel que desee poner en práctica los principios de fe que aquí se enseñan, aprendiendo a vivir por ella y depositando la confianza en Dios.

En *"Fe, la moneda de Dios"*, serás desafiado a moverte en ese mundo sobrenatural de la fe que hace que las cosas sean posibles, ese mundo el cual llamamos *"las cosas que no son como si fuesen"* (Romanos 4:17), que funciona en todos los casos y en todos los problemas, sean estos de salud, financieros o de cualquier otro tipo; así como en todas esas circunstancias sobrehumanas, que escapan de nuestro poder y que solo la fe puede hacer.

También nos enseña que usar la fe como la moneda de Dios es adentrarse a lo desconocido, donde vemos a Dios obrando claramente en cualquier situación, proveyendo, sanado, haciendo milagros, salvando almas, etc.

Este libro te enseñará que la fe no puede ser juzgada o llevada a juicio; ni juzgada en los tribunales, y es una fuente que mana vida a borbotones. Sin duda será una herramienta que te servirá para conocer más a Jesucristo, el autor y consumador de nuestra fe.

*¡Qué Dios te guíe*
*en esta aventura de fe!*

CAPÍTULO

# UNO

# TU FE PUEDE MOVER MONTAÑAS

*"Tengan fe en Dios. Les digo la verdad, ustedes pueden decir a esta montaña: 'Levántate y échate al mar', y sucederá; pero deben creer de verdad que ocurrirá y no tener ninguna duda en el corazón. Les digo, ustedes pueden orar por cualquier cosa y si creen que la han recibido, será suya".*
(Marcos 11:22-24)

Hablar de la fe es adentrarse en un tema infinito, y en este momento, es lo que necesitamos. Anhelamos que Dios supla nuestras necesidades, pero antes de ello es necesario entender ciertas verdades acerca de la fe.

## LA FE PUEDE MOVER MONTAÑAS

La fe abre la puerta a los milagros. Si estudias la Biblia y la historia, encontrarás que cada vez que Dios se mueve en la tierra y realiza un milagro, es porque alguien creyó. Jesús lo dijo en Marcos 11:22-24: *"Tengan fe en Dios. Les digo la verdad, ustedes pueden decir a esta montaña: 'Levántate y échate al mar, y sucederá; pero deben creer sinceramente que ocurrirá y no tener ninguna duda en el corazón. Les digo que pueden orar por cualquier cosa y si creen que han recibido, será suyo".* ¡La fe puede mover montañas!

Ahora bien, Dios ha establecido un orden jerárquico en el universo. La ley de la fe es actualmente la más poderosa por encima de cualquier ley de la naturaleza. Aquí es donde ocurren los milagros. Cuando se utiliza la fe, entra en acción la ley de la fe, y esta ley puede hacer más que las leyes de la física.

Otra verdad importante acerca de la fe es que Dios sigue realizando milagros en la actualidad. Cada vez que ejerces tu fe, Dios realiza milagros. Mi pregunta para ti es: ¿Cuál es la montaña que necesitas mover en tu vida? ¿Cuál es aquella cosa que has decidido que nunca cambiará? Pero, ¿cómo sabes que no cambiará? Tal vez Dios quiere que tu fe supere la ley de la naturaleza. Él lo ha hecho en el pasado, y lo está haciendo hoy en todo el mundo donde hombres y mujeres ejercen su fe. Dios se encarga de mover montañas. No dudes ni subestimes lo que él quiere hacer en tu vida, créele a Dios, y mueve esa montaña.

Mateo 13:58 dice, *"Y por la incredulidad de ellos, no hizo allí muchos milagros"*. Probablemente no veas muchos milagros en tu vida. La pregunta es: ¿estás viendo con los ojos del temor o con los ojos de la fe? La fe abre la puerta a los milagros. ¿Con cuál petición de oración te has dado por vencido en tu vida, creyendo que las cosas nunca cambiarán?

Sin duda Dios quiere que inicies a orar por esa necesidad, pero eso no es todo: ¿te has preguntado qué es lo que él quiere que hagas en fe? Dios quiere que aprendas a ver la realidad con tus ojos de fe en lugar de con tus ojos de temor.

## LA FE PRODUCE PERSISTENCIA

*"Por todos lados nos presionan las dificultades, pero no nos aplastan. Estamos perplejos, pero no caemos en la desesperación. Somos perseguidos, pero nunca abandonados por Dios. Somos derribados, pero no destruidos"* (2 Corintios 4:8-9).

La fe desbloquea las promesas de Dios, nos muestra su poder al convertir los sueños en realidad y nos proporciona la fuerza necesaria para aferrarnos en tiempos difíciles. Dios no siempre nos libra de los problemas; en cambio, expande nuestra fe para guiarnos a través de ellos. No elimina el dolor, pero nos concede la capacidad de llenarnos de fe para sobrellevarlo.

Además, Dios no siempre nos rescata de las tormentas, pues desea que confiemos en Él en medio de ellas. No nos sacará del fuego, sino que nos enfrentará a él, sin embargo, podemos confiar en que Dios estará con nosotros en medio de la prueba. Lo mismo sucedió con los tres jóvenes hebreos en el horno de fuego, Dios no evitó el fuego, pero estuvo con ellos dentro del horno de la aflicción. De manera similar, no evitó el foso de los leones para Daniel, pero estuvo con él cuando fue arrojado dentro. Asimismo, no evitó la guerra para Josafat; enfrentó al enemigo, pero Dios estuvo presente en la batalla.

Luego de finalizada la Segunda Guerra Mundial, Corrie Ten Boom, una joven cristiana holandesa que ayudó a muchos judíos a escapar de los campos de concentración nazis, afirmó que aquellos que sobrevivieron a esos campos fueron quienes poseían una fe más profunda. ¿Por qué? Porque la fe te otorga el poder para mantenerte firme en momentos difíciles. La fe promueve la persistencia.

La persistencia es la capacidad para seguir adelante. Nadie va por la vida con una cadena ininterrumpida de éxitos. Todo el mundo tiene fallas y errores. Todos nos avergonzamos a nosotros mismos en más de una ocasión. Todos tenemos dolor, tenemos problemas, y presiones, pero solo las personas que tienen la capacidad de recuperarse de sus fracasos logran hacer cosas relevantes con su vida.

¿Dónde conseguir la resistencia para seguir adelante? En la fe. Fe es creer que Dios puede hacer algo en cualquier momento, que podría cambiar el rumbo de tu vida. Es creer que Dios te dará exactamente lo que tú necesitas cuando lo necesitas, mientras aprendes a confiar en él para lograr su propósito en ti. No somos los primeros ni los últimos en pasar por este proceso. Pablo, un gran hombre de fe, dijo en cierta ocasión:

*"Por todos lados nos presionan las dificultades, pero no nos aplastan. Estamos perplejos, pero no caemos en la desesperación. Somos perseguidos, pero nunca abandonados por Dios. Somos derribados, pero no destruidos"* (2 de Corintios 4:8-9).

¿Puedes verlo? La fe no siempre te saca del problema ¡A veces te mete en el problema! De hecho, la fe a menudo te lleva a través del problema. Conocer esta verdad cambiará la manera en que estás respondiendo a los problemas que puedas estar enfrentando ahora.

## LA FE ESPERA CON PACIENCIA

*"Pacientemente esperé a Jehová, Y se inclinó a mí, y oyó mi clamor. Y me hizo sacar del pozo de la desesperación, del lodo*

*cenagoso; Puso mis pies sobre peña, y enderezó mis pasos. Puso luego en mi boca cántico nuevo, alabanza a nuestro Dios. Verán esto muchos, y temerán, Y confiarán en Jehová"* (Salmos 40:1-3).

**Esperar es esencial para tu fe:**

*"Después de esperar con paciencia, Abraham recibió lo que se le había prometido"* (Hebreos 6:15).

Cuando estás esperando en Dios, recuerda que estás en buena compañía. Millones de cristianos antes de ti lo hicieron y aún muchos hoy aguardan pacientes, sentados en el cuarto de espera de Dios. No estás solo. De hecho, si justo ahora estás ahí –tal vez estás esperando una sanidad, un milagro, una respuesta a una oración–, recuerda que no eres el único, muchos antes y después de ti estuvieron y estarán en la misma situación. Hebreos11:2 dice, *"Nuestros antepasados fueron aprobados porque tuvieron fe".* Y cada una de esas personas habían esperado.

**Veamos:**

1. ¿Recuerdas a Ana, quien aguardó durante años para tener el hijo por el cual oraba fervientemente, confiando en que Dios se lo concedería?

2. ¿Recuerdas a José, a quien Dios le dio la visión de ser un gobernante desde temprana edad, pero que pasó muchos años esperando.

3. ¿Recuerdas a Moisés, quien deambuló por el desierto durante 40 años, aguardando su próxima asignación y buscando entender su propósito en la vida?

4. ¿Recuerdas a Noé, quien esperó 120 años antes de que empezara a llover sobre la tierra, y la lluvia llegó sin aviso porque había alguien que esperó con paciencia?

5. Piensa en Abraham, quien esperó 25 años para ver cumplida la promesa divina. No estás solo en esta gran multitud de cristianos que esperan.

6. Dios no tiene prisa. Esperó miles de años antes de enviar al Mesías. Nosotros estamos apurados, pero Dios no. La espera es fundamental para tu fe.

Hebreos 6:15 dice, *"Y así, después de esperar con paciencia, Abraham recibió lo que se le había prometido".* Un día, en el tiempo y a la manera de Dios, tú también recibirás lo prometido. Solo espera con paciencia.

## LA FE HACE REALIDAD TUS SUEÑOS, CONFORME A LA VOLUNTAD DE DIOS

(Génesis 37:9)

*"Soñó aun otro sueño, y lo contó a sus hermanos, diciendo: He aquí que he soñado otro sueño, y he aquí que el sol y la luna y once estrellas se inclinaban a mí"* (Génesis 37:9).

*"Entonces se acordó José de los sueños que había tenido acerca de ellos, y les dijo: Espías sois; por ver lo descubierto del país habéis venido"* (Génesis 42:9).

*"Y a aquel que es poderoso para hacer todo mucho más abundantemente de lo que pedimos o entendemos, según el poder que obra en nosotros"* (Efesios 3:20).

¡No pasa nada hasta que alguien comience a soñar! Pero soñar no basta, es necesario tener fe, la cual convierte los sueños en realidad: *"Y esta es la confianza que tenemos en él, que si pedimos alguna cosa conforme a su voluntad, él nos oye"* (1 Juan 5:14). La Biblia está llena de personas que tuvieron sueños dados por Dios, entre ellos tenemos a los siguientes:

1. Abraham soñó con ser el padre de una gran nación.

2. José soñó con salvar a una nación y a su propia familia.

3. A lo largo de las Escrituras, hay todo tipo de personas que fueron soñadores inspirados, como David, Daniel y Pablo.

Efesios 3:20 nos dice que Dios *"es poderoso para hacer todo mucho más abundantemente de lo que pedimos o entendemos, según el poder que obra en nosotros"*. El mensaje contenido en este versículo es extraordinario. Nos dice que Dios puede hacer mucho más de lo que nos atreveríamos a pedir. ¿Tienes miedo de pedirle a Dios? Pues déjame decirte que Él puede hacer mucho más de lo que podrías soñar. ¡Yo quiero ser un gran soñador! ¿Y tú? Pues hoy Dios te dice: -*"Hijo mío, piensa en lo más grande que puedas soñar, lo mejor que crees que puedo hacer en tu vida. ¿Sabes qué? Yo puedo superar eso"*. Lo mejor está por venir para tu vida, tu familia y tu ministerio.

Juan nos informa que, en el cielo, según Apocalipsis 21:4, *"no habrá... llanto"*. Sin embargo, si existieran lágrimas en el cielo, sin duda serían porque al llegar allí nos percataríamos de las oportunidades que dejamos pasar al no creer lo suficiente en Dios. Personalmente, esta perspectiva sería angustiante para mí. Sería desalentador observar todo lo que podría haber logrado al ser un mejor esposo, padre, amigo y pastor, si hubiera tenido una fe más firme en Dios.

Pero no hay lágrimas en el cielo, y Dios te da en esta tierra todo lo que necesitas en este momento de tu vida para lograr lo que ha planeado para ti. ¡Te desafío a soñar, planear y actuar en grande con tus relaciones, con la iglesia, tu matrimonio, tu familia, tu carrera y tu ministerio con los demás! Tu fe puede convertir esos sueños en realidad, porque Dios puede hacer mucho más de lo que nosotros nos atreveríamos a pedirle e incluso soñar. ¿Tienes miedo de pedirle algo a Dios? Recuerda que Dios solo requiere fe para cumplir los sueños que te ha dado.

## CUANDO TIENES FE, DIOS SIEMPRE LLEGA A TIEMPO

*"Así que no nos cansemos de hacer el bien. A su debido tiempo, cosecharemos numerosas bendiciones si no nos damos por vencidos"* (Gálatas 6:9).

En la sala de espera de la vida, tú puedes elegir confiar en Dios en vez de caer en el pánico. Cuando estas en la sala de espera de Dios, también necesitas recordar dos cosas:

1. Dios nunca está apurado. Él no se dirige por nuestro concepto tiempo.

2. Dios nunca está retrasado. El tiempo de Dios siempre es perfecto.

No, no es fácil estar en la sala de la espera de Dios. Pero siempre vale la pena esperar en Él y en su perfecta voluntad. Entonces, ¿qué ocurre en esos momentos en los que parece que Dios se está demorando? ¡En realidad, Dios te está preparando para algo aún mejor! Numerosos ejemplos en las Escrituras respaldan esta idea, como la historia de Lázaro narrada en el capítulo 11 de Juan. María y Marta eran hermanas de Lázaro, quien gozaba de una estrecha amistad con Jesús. Residían en Betania, a pocos kilómetros de donde Jesús se encontraba cuando Lázaro enfermó. Al enterarse de la enfermedad de su amigo, enviaron un mensaje a Jesús, solicitándole que fuera a visitarlos.

Él podría haber llegado a Betania en un par de horas, pero Jesús demoró tres días en recorrer esos 8 kilómetros. Cuando llegó, ellas le dijeron: *"¡Te atrasaste demasiado! Ya hemos sepultado a Lázaro".* Pero Jesús no se había retrasado. Él sabía lo que estaba haciendo. Su meta no era sanar a Lázaro, su meta era levantarlo de la muerte. La meta de Jesús no era tan solo que Lázaro estuviera bien, su meta era hacer un milagro de proporciones astronómicas. Jesús caminó hasta la tumba de Lázaro, pidió que retiraran la piedra que tapaba la entrada, y dijo: *"¡Lázaro, sal de ahí!"* ¡Y Lázaro lo hizo!

En ocasiones, Dios permite que una situación alcance un nivel tan crítico que solo un milagro puede cambiarla. En estos momentos, Dios espera que no pierdas la fe, más bien que perseveres. Continúa orando, sirviendo y participando en la comunidad de la iglesia. Mantén tu confianza en Dios, porque en esos momentos estás siendo preparado para experimentar un milagro significativo.

Dios tiene conocimiento previo de los planes que tiene para tu vida, tanto el próximo mes como en el próximo año y la próxima década. Su designio para ti siempre es benevolente, independientemente de las circunstancias y estaciones de la vida.

En este capítulo se han mencionado cinco elementos fundamentales de la fe: La fe mueve montañas, la fe produce persistencia, la fe te lleva a esperar confiadamente en Dios, la fe hace realidad tus sueños (conforme a la voluntad de Dios), y la fe te lleva a aceptar que Dios siempre llega a tiempo. La pregunta es: ¿lo crees?

## FE CUANDO TODO SE ACABA

¿Qué hacemos cuando todo se acaba? Todas las situaciones que experimentamos tienen un propósito, y es crucial determinar cómo enfrentamos la adversidad cuando nos quedamos sin recursos. Si examinamos la vida del profeta Elías, quien vivió alrededor de novecientos años antes de Cristo podremos extraer valiosas lecciones.

En el reino del norte, la situación era desalentadora, con líderes corruptos y la nación sumida en una recesión. Los reyes en la época de Elías actuaron de forma nefasta, introduciendo una religión pagana en el reino del norte y olvidándose de Jehová. En respuesta, Elías anunció una sentencia: tres años y medio de sequía como un desafío al dios Baal. Esta reprensión y profecía no fueron bien recibidas por el rey Acab, quien puso precio a la cabeza de Elías y contrató matones para asesinarlo. Durante este período, Dios guió a Elías a través de tres etapas distintas, marcando un proceso transformador en su vida.

## DIOS LO LLEVA A UN TIEMPO A SOLAS CON ÉL

(1 Reyes 17:2-6)

*"Y vino a él palabra de Jehová, diciendo: Apártate de aquí, y vuélvete al oriente, y escóndete en el arroyo de Querit, que está frente al Jordán. Beberás del arroyo; y yo he mandado a los cuervos que te den allí de comer. Y él fue e hizo conforme a la palabra de Jehová; pues se fue y vivió junto al arroyo de Querit, que está frente al Jordán. Y los cuervos le traían pan y carne por la mañana y pan y carne por la tarde; y bebía del arroyo".*

Se nos dice que Dios le ordenó a Elías esconderse en el arroyo de Querit. Dicho arroyo se encontraba en Galaad, al este del Jordán, y en sus orillas el profeta Elías estuvo escondido un tiempo (1 Reyes 17:3–5). El arroyo corre por el fondo de una profunda y escabrosa garganta de la cual deriva su nombre (Querit significa «cortadura» o «garganta»).[2]

En ese período difícil para la nación, la vida del profeta estaba en peligro debido a su mensaje condenatorio de las prácticas paganas e idolatras. Dios le proporcionó un refugio que resultó ser el aula donde Elías recibiría enseñanzas fundamentales, capacitándolo para llevar a cabo el plan divino.

---

2 Samuel Vila Ventura, Nuevo diccionario bíblico ilustrado (TERRASSA (Barcelona): Editorial CLIE, 1985), 1072–1073.

De Elías aprendemos que Dios no solo nos llama a seguir su plan, sino que también nos prepara para la tarea asignada.

El arroyo, un estrecho y largo desfiladero, se convirtió en el lugar designado. En ese alejado y escondido refugio, Dios lo apartó como ermitaño durante un año. Este tiempo a solas con Dios era esencial para que reflexionara, se preparara y recibiera la orientación necesaria para lo que vendría. El arroyo, siendo oscuro, estrecho y solitario, simbolizaba la necesidad de dedicar un año completo a la reflexión y la preparación, con Dios como su único apoyo.

¿Por qué Dios hizo tal cosa? Dios lo mantuvo oculto durante un año porque deseaba tener un tiempo a solas con él. En cierta forma, es como si Dios le hubiese dicho:

- *"Elías, escóndete, ya que las circunstancias se volverán difíciles. No es el momento de mostrarte; es el momento de mantenerte apartado, oculto y en preparación. Si quieres superar lo que está por venir necesitas un período a solas conmigo. Requiero tu atención total durante un año para reflexionar y prepararte para lo que está por venir".*

En Querit su único sostén era Dios. Durante dicho período Elías solo contaba con la ayuda divina. Allí, Elías fue alimentado por cuervos. Pero de pronto el arroyo se secó por la falta de lluvia que la misma palabra de Elías había declarado. Ya no tenía apoyo, ningún cuervo apareció de nuevo; no había comida y carecía de sostén alguno. ¿Qué haría ahora el siervo de Dios? ¿A quién acudiría?

Al igual que Elías, nosotros pasamos por momentos similares. Es en esos momentos en los que Dios se acerca para tratar contigo, con tus cosas, tus preguntas y tus dilemas. Dios te busca en la soledad, especialmente cuando algo que considerabas bueno y valioso en tu vida ha llegado a su fin, ya sea una relación o algo que apreciabas. ¿Qué haces cuando un arroyo se seca?

## INCLUSO LAS COSAS BUENAS DE ESTE MUNDO PASAN, SOLO DIOS PERMANECE PARA SIEMPRE

(1 Reyes 17:7)

Querit no era la morada eterna de Elías. Era solo su refugio temporal. El arroyo se secó y la ayuda externa desapareció. Los cuervos dejaron también de proveerle. 1 Reyes 17:7 nos enseña sobre la naturaleza efímera y temporal de las cosas materiales. El arroyo del que dependía Elías para su provisión de agua se secó debido a la falta de lluvia en la tierra. Elías necesitaba aprender que todo pasa, solo Dios permanece. Experimentó en carne propia la vulnerabilidad de confiar en un arroyo para su supervivencia, y cuando este se seca, se ve obligado a buscar la providencia divina de una manera más directa.

Algunas veces Dios hará lo mismo con nosotros, algo bueno en nuestra vida llegará a su fin: el trabajo que nos daba nuestro sustento, esa relación que nos confortaba, la salud que tanto valorábamos, todo se irá. Nuestro arroyo cesará de verter agua. Y eso no es necesariamente malo. Dios desea enseñarnos algo más. Querit era para Elías como una lección sobre cómo Dios a veces nos saca de nuestra zona de confort.

Esta situación obligó a Elías a abandonar su refugio seguro y confiar en la provisión divina en circunstancias menos predecibles.

La lección aquí es que, a veces, Dios nos lleva más allá de nuestras zonas de confort para fortalecernos, enseñarnos dependencia de Él y llevarnos a un nivel más profundo de confianza. El cambio en las circunstancias puede ser incómodo y desafiante, pero también puede ser una oportunidad para crecer espiritualmente. Querit nos ilustra cómo Dios trabaja en nuestras vidas, guiándonos a través de experiencias que nos obligan a confiar más en Él y a reconocer que nuestra seguridad no está solo en las cosas materiales o en entornos cómodos, sino en su soberanía y cuidado.

1 Reyes 17:7 nos proporciona también un "conocimiento" sobre las estaciones de la vida y la necesidad de avanzar. Nota lo siguiente: *"Pero aconteció que después de algún tiempo se secó el arroyo, porque no había llovido en la tierra"*. El término "después de algún tiempo" sugiere la idea de ciclos y cambios en la vida. Al igual que las estaciones del año, nuestras vidas pasan por diversas fases, algunas de las cuales pueden ser fructíferas y otras desafiantes. Este cambio en el arroyo representa la transitoriedad de las circunstancias y cómo las estaciones de la vida pueden variar.

El secado del arroyo era para Elías como una señal de que era hora de avanzar y buscar nuevos horizontes.

Dios puede estar guiándonos hacia nuevas experiencias, retos o bendiciones. La vida está en constante evolución, y este versículo nos recuerda la importancia de avanzar, aprender y crecer en cada estación. Aunque el arroyo se seca, la historia continúa y Dios sigue siendo la fuente única de provisión y dirección.

## SÉQUESE LA HIERBA, MARCHÍTASE LA FLOR; DIOS NUESTRO PERMANECE PARA SIEMPRE

Aunque el arroyo se secó, esto no significa que Dios haya abandonado a Elías. En cambio, es un recordatorio de que Dios proveerá de manera diferente en tiempos de escasez. Cuando el arroyo se seca, Dios está indicando que hay un cambio en el plan. No quiere que Elías se estanque en una situación cómoda. Este evento obliga a Elías a buscar una nueva dirección y confiar en la guía de Dios.

No debemos perder de vista que la sequía y el secado del arroyo eran eventos controlados por Dios. Esto nos enseña que Dios tiene el control sobre las circunstancias de nuestras vidas y que podemos confiar en su providencia, incluso cuando las cosas no van según lo esperado. Aunque el arroyo se secó, Dios tiene planes más grandes para Elías. Este episodio es una preparación para algo mejor en la vida del profeta. A veces, Dios permite que ciertas cosas se sequen en nuestras vidas para llevarnos a un nivel más elevado de su propósito y bendición.

La lección que Elías aprendió en Querit fue la misma que Isaías aprendió tras la muerte de Uzías (Isaías 6:1-5). El largo reinado de Uzías [también llamado Azarías] en la tierra de Judá y de Benjamín fue caracterizado por una prosperidad mayor que la conocida bajo cualquier otro gobernante desde la muerte de

Salomón, casi dos siglos antes. Durante muchos años el rey gobernó con discreción. Gracias a la bendición del cielo, sus ejércitos recobraron parte del territorio que se había perdido en años anteriores. Se reedificaron y fortificaron ciudades, y quedó muy fortalecida la posición de la nación entre los pueblos circundantes. El comercio revivió y afluyeron a Jerusalén las riquezas de las naciones. La fama de Uzías *"se extendió lejos, porque se ayudó maravillosamente, hasta hacerse fuerte"* (2 Crónicas 26:15).

Pero ahora Uzías había muerto y su muerte ocurrida alrededor de 740 a.C., marcó una gran crisis en el liderazgo del pueblo de Dios. La muerte de cualquier gobernante absoluto hace que su país sea vulnerable durante una transición de poder. Pero el peligro de Judá era mayor, porque Tiglat-Pileser III había ascendido al trono de Asiria unos años antes, en 745 a.C., e inmediatamente se puso en pie de guerra, lo que convirtió a su nación en una superpotencia invencible que amenazaba la existencia independiente de todas las naciones del cercano oriente. En esta época de crisis, Dios animó a Isaías mostrándole al profeta que todavía tenía el control. Sí, el rey Uzías había muerto ¡Pero el verdadero rey del universo seguía vivo sobre su trono celestial! ¿Por qué debería temer Isaías?

Tal como Isaías puso su confianza en un ser terrenal, así también Elías depositó su confianza en la provisión material que lo sustentaba. Pero cuando pones tu confianza en las cosas, incluso en aquello que Dios te da, en vez de ponerla en Dios mismo, es el momento en que Dios hará secar tu "arroyo" personal para que aprendas en quién debe estar tu confianza. Hermano y hermana, pregúntate:

¿He estado confiando en mi trabajo? ¿he estado confiando en mi cónyuge? ¿he estado confiando en mi salud? Si es así, probablemente estés invitando a Dios a decir: *"Ok, vamos a desconectar el suministro. ¡Sequemos su arroyo!".*

Como el salmista, necesitamos aprender a decir:

*"¿A quién tengo en el cielo sino a ti? Si estoy contigo, ya nada quiero en la tierra. Podrán desfallecer mi cuerpo y mi corazón, pero Dios es la roca de mi corazón; él es mi herencia eterna"* (Salmo 73:25-26).

## CONTINÚA TU CAMINO, DIOS SABE LO QUE HACE

(1 Reyes 17:8-9)

*"Vino luego a él palabra de Jehová, diciendo: Levántate, vete a Sarepta de Sidón, y mora allí; he aquí yo he dado orden allí a una mujer viuda que te sustente"* (1 Reyes 17:8-9).

Habiéndose secado el arroyo de Querit, Elías se dirigió a Sarepta, siguiendo la orden de Dios. A pesar del hambre reinante, una viuda de Sarepta dio hospitalidad al profeta. Esta mujer fue recompensada, por cuanto no faltó la harina ni el aceite, y su hijo fue vuelto a la vida (1 Reyes 17:8–24).[3] Si en Querit Dios inició el proceso, lo completaría en Sarepta. No es casualidad que el nombre Sarepta (heb., tsarephath) signifique ***refinamiento***.[4] A

---

3 J. D. Douglas y Merrill C. Tenney, «SAREPTA», ed. James Bartley y Rubén O. Zorzoli, trans. Raimundo J. Ericson et al., Diccionario bíblico Mundo Hispano (El Paso, TX: Editorial Mundo Hispano, 2011), 665.

4 J. D. Douglas y Merrill C. Tenney, «SAREPTA», ed. James Bartley y Rubén O. Zorzoli, trans. Raimundo J. Ericson et al., Diccionario bíblico Mundo Hispano (El Paso, TX: Editorial Mundo Hispano, 2011), 665.

través de este proceso, Dios buscaba perfeccionar a su amado profeta. Sin embargo, el camino que nos lleva hacia el cumplimiento de nuestro propósito divino raras veces es fácil, corto o cómodo. De hecho, los milagros nunca ocurren en nuestra zona de confort.

Esta vez Elías caminó casi 90 millas (144 kilómetros) desde Querit hasta Sarepta, donde se le dio de comer. El camino no fue fácil, mucho menos corto. El camino hacia la bendición no es un camino de rosas sin espinas, es más bien un desafío de fe. Antes de heredar la tierra prometida el Señor hizo cruzar a los israelitas a través del mar rojo y el desierto (Éxodo 14:13-14; 21-22); para que David matara a Goliat y se convirtiera en el héroe de la nación tuvo que ir directamente al campo de batalla (1 Samuel 17:17-20), para que Josafat ganara la guerra tuvo que salir de su palacio y enfrentarse al enemigo (2 Crónicas 20:14-17). La batalla en el tiempo de Débora fue ganada por la fe y la acción de una mujer que le creyó a Dios. Su fe fue tan gran grande que incluso penetró el mundo espiritual, pues se nos dice que dicha batalla fue ganada con la ayuda de los ángeles, quienes desde el cielo pelearon a favor de Israel (Jueces 5: 20; Josué 10:11), la victoria que Dios le dio a Gedeón implicó un esfuerzo de su parte (Jueces 7:2-24). Nadie obtuvo la victoria mientras se reclinaba cómodamente en su lecho.

Los milagros no ocurren en situaciones cómodas, los milagros ocurren en situaciones incómodas. Elías no le dijo a Dios: *"¿Qué te pasa Señor? Me estás enviando al lugar equivocado, a la dirección equivocada. Si salgo de Querit seré un blanco fácil ¡y para colmo me dices que una viuda pobre, que ni siquiera es israelita, me dará de comer?"*. No, antes bien Elías actuó en fe, dejó su zona de confort y se entregó al propósito de Dios.

La historia de Elías y la viuda de Sarepta nos revela que, por lo general, la fuente de un milagro es impredecible. No proviene de donde anticipamos ni de la manera en que esperamos. ¿Por qué Dios actúa de esta manera? Es para que toda la gloria sea atribuida a Él. Es por esto que resulta difícil comprender los métodos de Dios; podríamos estar esperando en una dirección, y Dios actúa sorprendentemente en otra. Dios tiende a contravenir la lógica humana con el propósito de recibir la máxima gloria, y esto explica por qué satisface necesidades de maneras inesperadas. En ocasiones, tratamos de entender cómo Dios llevará a cabo sus obras, e incluso podríamos darle sugerencias, pero eso equivale a intentar manipular a Dios, y esto simplemente no funciona. Elías no aconsejó al Señor. Nosotros tampoco deberíamos pretenderlo.

Algunos de los personajes de la Biblia intentaron decirle a Dios como hacer su trabajo ¿El resultado? ¡Un verdadero desastre! Cuando Dios le dijo Abraham que sería padre de una gran nación este se apresuró y no esperó con paciencia el cumplimiento de la promesa. Juntamente con Sara idearon un plan para ayudar a Dios a ser fiel a su palabra. Por indicación de su esposa Abraham tuvo relaciones sexuales con su criada Agar, pero esa era la forma equivocada. De dicha unión nació Ismael, pero él no era el hijo que Dios le había prometido, sino el resultado del plan de Abraham. El plan de Dios era darle un hijo a través de su esposa Sara de una forma sobrenatural e inesperada. Abraham no entendió esto y su familia pagó un alto precio por ello.

Y tú ¿Estás tratando de aconsejar a Dios y ayudarlo a cumplir su palabra? Si has caído en dicho error detente y recuerda lo siguiente:

*"Porque mis pensamientos no son vuestros pensamientos, ni vuestros caminos mis caminos, dijo Jehová. Como son más altos los cielos que la tierra, así son mis caminos más altos que vuestros caminos, y mis pensamientos más que vuestros pensamientos"* (Isaías 55:8-9).

Hay algo más que debemos considerar acerca de los milagros, Dios tiene su propio formato para concederlos. Dicho formato consta de tres pasos: 1. Mandamiento, 2. Promesa y, 3. Riesgo.

Siempre que Dios te conceda un milagro te lo dará en este formato. Te da un mandamiento, te da una promesa, y luego tú tendrás que arriesgarlo todo. Esto no debe tener sentido para ti o parecerte lógico, pero es la forma en que Dios ha dicho que lo hará. Es así como Dios activa los milagros: Él manda, y promete y luego tú le crees (Mateo 14:16).

Tan solo observa el formato en acción: Dios le dijo a Noé construye un arca (mandamiento) y yo salvaré a tu familia (promesa), y Noé tomó el riesgo ¿y qué ocurrió? Vino el milagro. A Gedeón se le dijo: ve con estas su fuerza (mandamiento) y derrotarás a Madián (la promesa). Y Gedeón también estuvo dispuesto a correr el riesgo y vio su milagro. A ti Dios también te dice: "si tú me crees te prometo que cuidaré de ti; si tomas el riesgo cumpliré mi promesa".

## EN SAREPTA DE SIDÓN

(1 Reyes 17:9-16)

Dios le dijo a Elías: *"Irás a Sarepta y le dirás a una pobre viuda que te dé de comer".* Puedo imaginarme la reacción de Elías:

"¿Cómo has dicho eso, Señor? ¿Me envías a la casa de una mujer que no tiene comida ni para ella ni para su hijo, y esperas que ella me sustente? ¡Esto es ilógico! Pero lo creeré porque tú lo dices y así será". Sí, dijo el Señor, "Tendrás siempre comida hasta que yo haga llover sobre la tierra". Pero la fe no era solo cuestión de Elías. La mujer también debía ejercer la fe, recibir el mandato, creer en la promesa y arriesgarse. Un extraño vendría a su casa y le diría: "Quiero que me entregues tu última cena y luego, si lo haces, vendrá un gran milagro para ti".

Y sorprendentemente, ¡ella creyó!

Elías permaneció dos años en ese lugar, en Sarepta, el lugar de refinamiento.

## SAREPTA (HEB., TSAREPHATH), EL LUGAR DE REFINAMIENTO.[5]

Dios hizo algo extraordinario en Sarepta: la fe de Elías y de la viuda fue refinada, ¡incluso la fe del hijo de la viuda fue refinada también! Dios refinó el alma de todos ellos, fundiendo el metal en bruto para convertirlo en algo útil y moldeable. En todo esto, solo podemos sorprendernos por la soberanía y el control providencial de Dios sobre sus criaturas. Dios envió a Elías, sí, pero eso no es todo. Dios orquestó una serie de eventos que coincidieran con su plan.

5 J. D. Douglas y Merrill C. Tenney, «SAREPTA», ed. James Bartley y Rubén O. Zorzoli, trans. Raimundo J. Ericson et al., Diccionario bíblico Mundo Hispano (El Paso, TX: Editorial Mundo Hispano, 2011), 665.

No era nada extraño que la viuda saliera a recoger leña, pero sí que lo hiciera en el momento exacto, justo en el preciso instante en que Elías estaría en el mismo lugar. Y es que Dios lo dirige todo, como hábil director y maestro. Su tiempo es perfecto, y así como en el caso de Elías, puedes estar seguro de que Dios está trabajando silenciosamente por tu milagro, para suplir esa situación en tu vida. Pero hay algo más que merece ser destacado. En esos tres años de hambruna, tal vez hubo cientos de viudas a las cuales pudo acudir Elías, pero solo una recibió el milagro. ¿Por qué? Porque ella entendió cómo funciona el formato de Dios y lo siguió al pie de la letra: recibió el mandato, creyó en la promesa y aceptó correr el riesgo.

## LO QUE NECESITAS RECORDAR EN TIEMPOS DE NECESIDAD

¿Estás pasando necesidad por algún motivo? ¿Necesitas un milagro? Pues entonces necesitas recordar lo siguiente:

1. *Debes dar a Dios todo lo que tengas, incluso lo que más necesitas:* la viuda no solo dio un poco, lo dio todo. Desde el punto de vista humano, probablemente hubiéramos dicho: "Mujer, eres muy pobre, no estás en capacidad de dar tus bienes para ayudar a otros, debes ser ayudada por otros". Sin embargo, si ella deseaba un milagro, debía hacerlo a la manera de Dios, no según la manera del hombre. Darlo todo a Dios siempre será lo mejor, aunque no lo más fácil ni lo más lógico desde la perspectiva humana. Ciertamente, Dios no necesita de ti ni de mí, pero lo que Él quiere es enseñarnos a ser generosos y a depender de Él. Esta es una prueba de

fe, Dios no mira la cantidad de dinero que das, de hecho, ni siquiera desea tu dinero. Dios quiere tu corazón.

2. *No damos de lo que nos sobra. Sea poco o mucho, damos de aquello que es valioso para nosotros:* Hemos sido educados de manera equivocada en cuanto a las finanzas del reino de Dios. Nos han enseñado a dar solo lo que nos sobra: "si tengo tiempo libre, ayudaré en la Iglesia"; "si tengo un momento extra, serviré a la comunidad, pero solo un poco"; "daré algo de dinero a la Iglesia de lo que me sobra" y así sucesivamente. Nos han enseñado a dar de lo que tenemos de más, de las sobras que nos quedan. Sin embargo, Dios nos dice: si deseas un milagro, debes estar dispuesto a dar todo lo que tienes, incluso aquello que realmente necesitas.

3. *No damos para recibir, damos para bendecir:* no damos para recibir una bendición sino para ser de bendición. Dios no te bendice simplemente por dar; Dios premia tu generosidad. Si soy generoso con mi tiempo, con mi dinero, con mi energía, con mi diezmo y con mis ofrendas, y si lo hago por amor y generosidad, y no por comprar el favor de Dios, entonces Dios me bendecirá.

## ELÍAS SE ENFRENTA CARA A CADA CON EL ENEMIGO (1 Reyes 18:1-2)

El texto sagrado nos dice:

*"Pasados muchos días, vino palabra de Jehová a Elías en el tercer año, diciendo: Ve, muéstrate a Acab, y yo haré llover sobre la*

*faz de la tierra. Fue, pues, Elías a mostrarse a Acab. Y el hambre era grave en Samaria [...] Y le dijo Elías: Vive Jehová de los ejércitos, en cuya presencia estoy, que hoy me mostraré a él. Entonces Abdías fue a encontrarse con Acab, y le dio el aviso; y Acab vino a encontrarse con Elías. Cuando Acab vio a Elías, le dijo: ¿Eres tú el que turbas a Israel? 18Y él respondió: Yo no he turbado a Israel, sino tú y la casa de tu padre, dejando los mandamientos de Jehová, y siguiendo a los baales"* (1 Reyes 18:1-2: 15-18).

En su travesía por Querit y Sarepta. Elías aprendió varias lecciones que nosotros podríamos aplicar: Aprendió que Dios era todo lo que necesitaba en la vida; que dondequiera que Dios te lleve, Dios te proveerá, y que debemos aprender a confiar en Dios un día a la vez, dejando el mañana en sus manos. Sí, esa es nuestra promesa:

*"Mi Dios, pues, suplirá todo lo que os falta conforme a sus riquezas en gloria en Cristo Jesús"* (Filipenses 4:19).

*Dios es tu proveedor, pero recuerda: Dios no proveerá para todos tus caprichos, sino para todo lo que necesites. Él es el Dios soberano, no el genio de la lámpara que concede deseos por muy absurdos que sean.*

CAPÍTULO

**DOS**

# FE, LA MONEDA DE DIOS

*"A todos los sedientos: Venid a las aguas; y los que no tienen dinero, venid, comprad y comed. Venid, comprad sin dinero y sin precio, vino y leche".*
(Isaías 55:1)

*"Jesús le dijo: Si puedes creer, al que cree todo le es posible. E inmediatamente el padre del muchacho clamó y dijo: Creo; ayuda mi incredulidad".*
(Marcos 9:23-24)

Había una vez dos casas vecinas. En una vivía un afortunado y acaudalado agricultor, rodeado de sirvientes y de todo lo que podía imaginar. En la otra casa vivía un anciano humilde que dedicaba gran parte de su tiempo a trabajar la tierra y a arar. El anciano humilde y el rico se cruzaban diariamente y compartían algunas palabras en cada encuentro. El rico hablaba de su dinero, mientras que el viejo hablaba de su fe en Dios. El rico se burlaba de la fe del anciano, diciendo: "¿Por qué no le pides a tu Dios que te dé lo suficiente para que no pases las privaciones que padeces?". "Tienes razón", dijo el viejo, "le pediré a Dios".

Un día, el anciano se encontró con el rico, como solía hacerlo, pero esta vez estaba más sonriente y muy alegre. El rico le preguntó: "¿Qué te pasa, anciano? Te veo más sonriente". El anciano contestó: "Seguí tu consejo y le pedí a Dios esta mañana que me enviara cien monedas de oro. Le dije que, como he sido un buen hombre y he respetado sus leyes, me merecía un premio y que elegiría cien monedas de oro. ¿Te parece una cantidad justa?". dijo el rico. El anciano contestó: "No importa lo que me parezca, pero yo he decidido que solo quiero cien monedas de oro, ni una más ni una menos".

El rico avaro se burló del anciano, diciendo: "Lo que importa es que no le parezca demasiado a tu Dios. Quizás te mereces un premio de veinte monedas o de cincuenta, ochenta, quien sabe". "No", dijo el anciano, "Dios puede decidir si merezco el premio o no, pero mi petición fue muy clara. Yo quiero cien monedas de oro. No aceptaré cincuenta, ni treinta, ni noventa y nueve. He pedido cien, y no tengo ninguna duda de que Dios me las dará. Él no regateará conmigo, y yo no regatearé con Él. Cien es la petición, y cien monedas me dará. No pienso aceptar que me mande ni una moneda menos".

El rico dijo: "Sí que eres exigente". El anciano respondió: "Así como Él me exige, yo le exijo a Él". El rico replicó: "No creo que seas capaz de rechazar 20 o 30 monedas que te mande tu Dios. ¿Por qué insistir en cien?". El anciano afirmó: "Rechazaría cualquier suma inferior. Sin embargo, si Dios cree que es poco y decide mandarme un poco más, entonces pensaría si aceptaré el resto". El rico comentó: "Estás totalmente loco. No creo en ese cuento de tu fe y determinación. Me gustaría verte manteniendo esa postura". Después de eso, cada uno regresó a su casa.

Por alguna razón, al rico ponía nervioso el anciano. "¿Cómo puede decir que no aceptaría menos de cien monedas de oro? Lo tengo que desenmascarar", dijo el rico, y lo haré esta misma tarde. Preparó una bolsa y puso en ella noventa y nueve monedas de oro. Luego, fue hasta la casa de su vecino, se asomó por la ventana y vio al anciano de rodillas en actitud de oración.

Escuchó al anciano que decía: "Dios, ayúdame en mis necesidades. Creo que tengo derecho a esas monedas, pero recuerda son cien monedas, y no me conformaré con que me envíes menos. Quiero exactamente mis cien monedas de oro, Señor".

El rico subió al tejado y le arrojó por el hueco de la chimenea la bolsa con las monedas. Después, bajó a espiar al anciano, quien seguía de rodillas. Cuando escuchó el ruido de algo metálico que caía por el hueco de la chimenea, lentamente el anciano se levantó. Vio la bolsa llena de ceniza y hollín. Luego, se acercó a la mesa y vació el contenido del saco, revelando la montaña de monedas ante él. El anciano cayó de rodillas y agradeció a Dios por el regalo. Una vez terminada la oración, contó las monedas. Había noventa y nueve monedas de oro.

El hombre rico estaba preparado para demostrar su teoría al anciano de fe, esperando lo que el anciano iba a decir. El anciano alzó su voz al cielo y dijo: "Dios mío, veo que tu devoción es cumplir el deseo de este hombre viejo, pero veo también que en las arcas del cielo no había más que noventa y nueve monedas. Te agradezco mucho que no hayas querido tan solamente esperar por una moneda, pero Dios, no quiero aceptar ninguna menos. Quiero las cien, eres para mí de absoluta confianza. Por ello, y por única vez, Dios, voy a dejar a tu libertad elegir el momento en que me enviarás la moneda que falta".

"¡Traición!" gritó el rico hipócrita. Empezó a golpear la puerta de su vecino diciendo: "Eres un hipócrita. Dijiste que no aceptarías menos de cien, mentiroso tú, y tu fe en tu Dios". Le dijo el anciano al rico: "¿Cómo sabes tú de las noventa y nueve monedas?". "Lo sé porque yo te las envié, esas noventa y nueve monedas por la chimenea. Las envié para mostrarte que eres un charlatán, jajajaja". "Hecho", dijo el anciano. "No aceptaré tus palabras porque Dios me enviará la moneda que falta cuando Él lo decida. Dios no te enviará nada", dijo el rico. "Esas monedas te las envié yo por la chimenea". Dijo el anciano: "Mira, no discutiré si fuiste tú el instrumento que utilizó Dios para satisfacer mi necesidad, pero el caso es que estas monedas cayeron por la chimenea de mi casa mientras yo las pedía. Por lo tanto, Dios me envió el pedido y es mío".

"¿Cómo que es tuyo? Esta bolsa y estas monedas son mías, yo las envié". "Los designios de Dios son incomprensibles", dijo el anciano. Dijo el rico: "¡Maldito tú y Dios! Devuélveme mi dinero o te haré comparecer ante el juez, perderás todo y lo poco que tienes". Dijo el anciano: "Mi único juez es mi Dios, pero te refieres al juez del pueblo. Yo no tengo ningún inconveniente en poner el problema en sus manos". "Pues bien, eso haremos entonces. ¡Vamos ya!", dijo el rico.

"Espera", dijo el anciano, "tienes que esperar a que compre un carruaje, porque ahora no tengo uno. Un viejo como yo no puede darse el lujo de caminar hasta el pueblo".

"Pues no hace falta, yo te daré mi carruaje", dijo el rico, "para que vayas".

"Realmente agradezco tu actitud. En todos estos años, nunca me habías ayudado en nada. De todos modos, vamos a esperar a que pase el invierno. Hace mucho frío y por mi salud no soportaría ir al pueblo sin un buen abrigo", añadió el anciano.

Furioso, el rico replicó: "Tú estás tratando de postergar el tema. Te daré mi propio abrigo para que puedas ir.

¿Qué otra excusa tienes?”

“En ese caso, no puedo negarme”, dijo el anciano. Subió al carruaje y partió hacia el pueblo, seguido por el hombre rico que iba en otro carruaje.

Llegados ahí, el acaudalado hombre rico pidió audiencia al juez y le contó en detalle su plan para desacreditar la fe del anciano, cómo había enviado las monedas por el hueco de la chimenea y cómo el anciano se había negado a devolvérselas.

“¿Qué tienes que decir, anciano?”. preguntó el Juez. “Me extraña mucho poder estar aquí para confrontar a mi vecino sobre este tema. Este hombre es el más rico de la ciudad; sin embargo, nunca ha demostrado ser generoso y solidario. Nunca ha tenido ninguna actitud caritativa con los demás y no creo que sea necesario que yo argumente mi defensa. ¿Quién podría creer que un hombre avaro como él haya arrojado las monedas por la chimenea de su vecino para demostrar, vaya a saber qué cosa? Me parece claro que el hombre me espiaba y, al ver mi dinero, su codicia lo hizo inventar esta historia.

¡Inventar! –dijo el rico- Viejo mentiroso, ¿inventar dices? Tú sabes que todo es como yo te lo digo. Ni tú te crees esa mentira de que tu Dios te envió las monedas.

¡Devuélveme la bolsa!

¡Devuélvemela ya!

Evidentemente, su señoría, dijo el anciano, este hombre está muy perturbado.

“¡Claro que estoy perturbado! Me perturba que me roben”, dijo el hombre avaro. “Te exijo que me devuelvas esa bolsa.

¡Señor juez, le pido que haga justicia!” dijo el rico avaro.

El juez estaba asombrado. Los argumentos de ambos lo obligaron a tomar una decisión. Pero, ¿cuál sería la más justa?

“Viejo tramposo”, decía el rico. “Ese dinero es mío, solamente mío”. En ese momento, el rico saltó la barandilla de madera que los separaba y, fuera de sí, intentó arrebatarle la bolsa al anciano.

“¡Orden!” gritó el juez. “Lo ve, señor juez, la codicia lo enloquece. No me extrañaría que, si tuviera la bolsa, comenzara a decir que el carruaje en que vine también es suyo”.

“¡Claro que es mío!” dijo el rico. “Yo te lo presté”.

“¡Lo ve usted, señoría! Lo único que le falta decir es que es dueño de mi propio abrigo”.

“¡Por supuesto que soy el dueño!” gritó el rico descontrolado. “¡Es mío, todo es mío! Todo es mío, la bolsa, el carruaje, el abrigo, todo es mío”.

“Alto”, dijo el juez. “Ya no tengo ninguna duda. No te da vergüenza querer quitarle a ese pobre viejo lo poco que tiene”.

“Pero, pero”, dijo el rico. “Sin peros”, dijo el juez. “Eres un codicioso y un aprovechado”, dijo el juez. “Por haber intentado estafar a este pobre viejo, te condeno a una semana de cárcel y a darle a tu vecino 500 monedas de oro como compensación”.

"Perdón, su señoría", interrumpió el anciano. "¿Puedo hablar?"
"Sí, anciano, habla".

"Yo creo, su señoría, que este hombre ha aprendido la lección. Yo le pido que, a pesar de que sea mi adversario, le levante la condena e imponga una multa simbólica".

"Eres un buen hombre", dijo el juez. "¿Qué propones, anciano? ¿Quieres cuatrocientas monedas, trescientas, doscientas, cien, o cincuenta?".

"No, señor juez, yo creo que el pago de una sola moneda sería suficiente castigo".

El juez sonrió, golpeó la mesa con su martillo y sentenció: "Gracias a la generosidad de este hombre, y no porque sea el deseo del tribunal, se impone una multa simbólica de una moneda de oro que deberá pagar de inmediato".

"Protestó", dijo el rico. "Me opongo", dijo. Pero luego el hombre rico comprendió que todo empeoraría si se resistía. Resignado, sacó una moneda y se la entregó al anciano. "Asunto terminado", dijo el juez. El rico salió corriendo en su coche, se marchó del pueblo. El juez saludó al anciano y se retiró. El anciano alzó los ojos al cielo y dijo: "Gracias Dios, no me debes nada".

## A TODOS SE NOS LLAMA A COMPRAR CON LA FE LA MONEDA DE DIOS

El cielo tiene una moneda, y a esa moneda se le llama la fe. Es la única moneda que Dios reconoce, porque la Palabra de

Dios dice: "Conforme a la medida de fe que Dios reparte a cada uno". Hay cosas para las cuales el dinero no es necesario; solo la fe puede adquirirlas. Hay situaciones en las que, aunque tengas todo el dinero del mundo, no te sirve.

Un día, durante un viaje a Guatemala, salí con mi esposa a caminar y, al pasar por una tienda, quise comprar algo. Cuando llegué a la caja e intenté pagar con dólares, la cajera me dijo: "No puede pagar con dólares, señor. Vuelva a poner las cosas en su lugar, ya que no puede comprar con dólares. Solo aceptamos moneda nacional". Esta historia se repitió en la gasolinera y en el supermercado, por lo que sobra decir que no pude comprar nada. El Reino de Dios es semejante a esto: si no tienes fe, la moneda de Dios, no podrás obtener nada.

Muchos tienen dinero, pero el dinero no es la solución. Sí, leíste bien: el dinero no es la solución a todos tus problemas. En el reino de Dios, hay cosas que no se pueden obtener con dinero; solo se pueden obtener con la moneda del cielo. Existe una moneda a la cual tienes acceso cuando el dinero no es suficiente, cuando el dinero te falla para alcanzar aquello que necesitas.

Jesús le dijo a Bartimeo: "Pide lo que quieres que yo haga por ti". Esto me trae a la memoria la historia de aquella mujer que padeció de flujo de sangre durante doce años y había gastado todos sus recursos. En vez de sanar, le iba peor. Cuando oyó hablar de Jesús, ella dijo: "Si tan solo tocare el borde de su manto, quedaré sana de esta enfermedad". Esta es la moneda de Dios, la fe que obtiene el milagro.

La paz del alma no se compra con dinero; la paz y la salvación se obtienen con la moneda de Dios, la fe en Dios: "A todos los sedientos: Venid a las aguas; y los que no tienen dinero, venid, comprad y comed. Venid, comprad sin dinero y sin precio, vino y leche" (Isaías 55:1).

La propuesta de Isaías quizá suene descabellada para el materialista, ya que se necesita dinero para comprar cualquier cosa en esta vida. Sin embargo, lo que Dios nos está diciendo aquí es que algunas cosas, las más importantes, solo se compran con el poder de la fe. En este mundo, las cosas no se pueden obtener gratis; en el mundo espiritual tampoco: necesitas fe.

## ¿QUÉ CLASE DE MONEDA ES LA FE?

Es una moneda que no se puede falsificar, viene del cielo, del mismísimo reino de Dios. Tiene la firma de Dios, por eso es imposible falsificarla; no se puede imitar. Dios mismo la hará pasar por el horno de fuego para probar su genuinidad: *"Para que la prueba de vuestra fe, mucho más preciosa que el oro, el cual perece, aunque sea probado con fuego, sea hallada en alabanza, gloria y honra cuando Jesucristo sea manifestado"* (1 Pedro 1:7).

La fe, por otro lado, es una moneda que no se devalúa. Los países del mundo tienen cada uno su propia moneda, la cual puede devaluarse con el tiempo o cuando sus respectivas naciones pierden fuerza o caen en desgracia. La fe, por el contrario, tiene un valor fijo porque el cielo nunca caerá en quiebra. El banco del Señor es plenamente confiable, ya que el material más bajo del cielo es el oro y se utiliza para pavimentar las calles de la Nueva Jerusalén: *"Las doce puertas eran doce perlas, en cada una; cada puerta era de una perla. La plaza de la ciudad era de oro puro como vidrio transparente"* (Apocalipsis 21:21).

La fe es como una moneda inmutable con el reflejo de Dios grabado en ella, resistente al envejecimiento, la corrupción, el desgaste y las fracturas. A lo largo de todos los tiempos y estaciones, la fe ha permanecido constante, demostrando su durabilidad y consistencia.

Esta moneda no posee fecha de vencimiento, puede ser utilizada en cualquier momento, en todas las estaciones y en cualquier circunstancia. Su vigencia no tiene límites, otorgando a quienes la poseen la libertad de aplicarla en cualquier situación y en todo momento.

La fe es universal, sin distinción de raza ni color. Disponible para todas las personas y naciones que deseen emplearla, es una fuerza universal accesible para quienes eligen creer en Dios. Su aplicación no conoce límites de edad, estaciones o tiempos, abarcando a toda la humanidad.

Además, la fe no puede ser sometida a juicio en los tribunales terrenales, ya que es una moneda divina, no perteneciente a este mundo. Solo aquellos que genuinamente creen en Dios pueden utilizarla, como afirmó Jesús: *"Si puedes creer, al que cree todo le es posible"* (Marcos 9:23).

## ¿POR QUÉ MUCHOS NO USAN LA FE COMO LA MONEDA DE DIOS?

Principalmente porque no saben cómo usarla. Cuando los discípulos se acercaron a Jesús aparte, le preguntaron: *"¿Por qué nosotros no pudimos echarlo fuera?" Jesús les respondió: "Por vuestra poca fe; de cierto os digo que, si tuviereis fe como un gra-*

*no de mostaza, diréis a este monte: 'Pásate de aquí allá', y se pasará; y nada os será imposible"* (Mateo 17:19-20).

La moneda de Dios es la fe. Desde el día en que creíste, Dios puso en ti una medida de fe para tu vida; sin embargo, muchas veces desconocemos que la poseemos o no sabemos cómo utilizarla. La capacidad de ejercer la fe viene por el oír de la Palabra de Dios. Cuando oyes la palabra de Dios, tu fe crece; más palabra, más fe, menos palabra, menos fe: *"Así que la fe es por el oír, y el oír, por la palabra de Dios"* (Romanos 10:17).

Por otro lado, muchos no tienen la preparación para recibir las recompensas de la fe. Para usar la moneda de Dios, es necesario estar preparados. En 2 Reyes 4:1-7 se nos relata una historia fascinante. En este pasaje, una mujer, de las mujeres de los hijos de los profetas, acudió a Eliseo buscando ayuda porque su esposo, siervo temeroso de Jehová, había muerto, y el acreedor venía por sus hijos. Eliseo le preguntó qué tenía en casa, y ella respondió que solo poseía una vasija de aceite. Siguiendo las instrucciones de Eliseo, la mujer reunió vasijas prestadas, cerró la puerta con sus hijos, y al echar el aceite en las vasijas, este no dejó de fluir hasta que se llenaron todas. Al vender el aceite, la mujer pudo pagar a sus acreedores y vivir con lo que quedó. Este relato destaca la importancia de la preparación para recibir y aprovechar la provisión de Dios.

## EJERCIENDO LA FE DE FORMA INCORRECTA

En Mateo 17:19-20 leemos: *"Entonces, llegándose los discípulos a Jesús, aparte, dijeron: ¿Por qué nosotros no lo pudimos echar fuera? Y Jesús les dijo: Por vuestra incredulidad; porque de cierto os digo, que si tuviereis fe como un grano de mostaza, diréis a este monte: Pásate de aquí allá: y se pasará: y nada os será imposible".*

El problema de los discípulos era su falta de fe: *"Cuando partí los cinco panes entre cinco mil, ¿cuántas cestas llenas de los pedazos alzasteis? Y ellos dijeron: Doce. Y cuando los siete panes entre cuatro mil, ¿cuántas cestas llenas de los pedazos alzasteis? Y ellos dijeron: Siete. Y les dijo: ¿Cómo aún no entendéis?"* (Marcos 8:19-21).

Jesús utiliza estos ejemplos para resaltar su poder y provisión abundante. La referencia a las cestas y canastas llenas de pedazos destaca la generosidad y el cuidado de Dios, mostrando que hay más de lo necesario en ambos eventos.

La pregunta final de Jesús, "¿Cómo aún no entendéis?", señala la dificultad de los discípulos para comprender plenamente la identidad y la obra de Jesús. Este pasaje resalta la importancia de la fe y la comprensión espiritual, incluso cuando se enfrentan a situaciones aparentemente insuficientes.

En lugar de centrarnos en lo difícil o complicado que puede parecer un problema, debemos enfocarnos en la grandeza y el poder de Dios. Se trata de cambiar nuestra perspectiva y recordar que, con la ayuda y el poder divinos, nuestros problemas pueden ser resueltos y superados. Es un llamado a depositar nuestra confianza en Dios y a recordar que Él está por encima de cualquier circunstancia que enfrentemos.

## CÓMO EJERCIERON LA FE ALGUNOS PERSONAJES BÍBLICOS

La fe es el único medio que activa el poder celestial para que se manifiesten las obras divinas en la tierra. Esta moneda extraordinaria, disponible para todos nosotros, tiene el poder de realizar lo sobrenatural: mover montañas, permitir al cojo saltar, al enfermo sanar, al mudo hablar, al sordo oír, al débil fortalecer y al caído levantarse. Un ejemplo notable es Nehemías, quien, al pedir a Dios buen éxito ante el rey Artajerjes, no solicitó dinero para su proyecto. Reconoció que la fe, la moneda de Dios, nunca pierde su valor, a diferencia del dinero que puede agotarse y perder su valor con el tiempo.

La fe les brindó acceso a lo que otros no podían lograr, como se evidencia en el relato de Daniel (Daniel 2:19-23). La revelación del secreto en una visión nocturna llevó a Daniel a bendecir al Dios del cielo. Reconoció la soberanía divina sobre el tiempo y la sabiduría, y el poder de cambiar los tiempos y las edades. Tanto Daniel como Nehemías utilizaron la moneda de Dios, la fe, sin preocuparse por el dinero o las cosas materiales, entendiendo que la fe es la llave que desbloquea lo que otros podrían considerar imposible.

En 2 Reyes 4:1-7 leemos:

*"Una mujer, de las mujeres de los hijos de los profetas, clamó a Eliseo, diciendo: Tu siervo mi marido ha muerto; y tú sabes que tu siervo era temeroso de Jehová; y ha venido el acreedor para tomarse dos hijos míos por siervos. Y Eliseo le dijo: ¿Qué te haré yo? Declárame qué tienes en casa. Y ella dijo: Tu sierva ninguna cosa tiene en casa, sino una vasija de aceite. Él le dijo: Ve y pide*

*para ti vasijas prestadas de todos tus vecinos, vasijas vacías, no pocas. Entra luego, y enciérrate tú y tus hijos; y echa en todas las vasijas, y cuando una esté llena, ponla aparte. Y se fue la mujer, y cerró la puerta encerrándose ella y sus hijos; y ellos le traían las vasijas, y ella echaba del aceite. Cuando las vasijas estuvieron llenas, dijo a un hijo suyo: Tráeme aún otras vasijas. Y él dijo: No hay más vasijas. Entonces cesó el aceite. Vino ella luego, y lo contó al varón de Dios, el cual dijo: Ve y vende el aceite, y paga a tus acreedores; y tú y tus hijos vivid de lo que quede".*

Dios tenía un plan de retiro para esta mujer. Le quito la aflicción, la desesperación y le dio el sustento para todos los días de su vida: "Vivid de lo que quede". No tenía nada, estaba en ruina, en la desesperación. ¿Qué le dijo Elíseo? Que usara la moneda de Dios. "Busca vasijas prestadas de tus vecinas, que no sean pocas, y enciérrate, tú y tus hijos". - Esto implicaba ejercer su fe.

Algo semejante encontramos en Hechos 3:6-7:

*"Mas Pedro dijo: No tengo plata ni oro, pero lo que tengo te doy; en el nombre de Jesucristo de Nazaret, levántate y anda. Y tomándole por la mano derecha le levantó; y al momento se le afirmaron los pies y tobillos".*

Lo que Pedro respondió fue más valioso que cualquier cantidad de dinero. Al decir: "No tengo lo que tú estás pidiendo", Pedro reveló que poseía algo aún más poderoso que la riqueza material: la fe, la cual, según Pedro, sería la clave para que el hombre experimentara una transformación completa, saltando y levantándose de su situación actual, convirtiéndose así en un instrumento en las manos de Dios. La esencia del problema no radicaba en la falta de recursos financieros, sino en la ausencia de fe para alcanzar la sanidad. Cuando Pedro exclamó: "¡Míranos!", capturó la atención del hombre, quien recibió la revelación que, aunque carecía de oro y plata, Pedro le ofrecía algo más valioso. En el poderoso nombre de Jesucristo de Nazaret, Pedro ordenó: "Levántate y anda", y de inmediato, los pies del hombre se fortalecieron, permitiéndole caminar. La pregunta persiste: ¿Posees la fe necesaria para superar tus desafíos?

## LO QUE HACE LA FE

Numerosas personas mencionadas en la Biblia eran inicialmente desestimadas por otros, pero lograron superar las expectativas al utilizar la fe para realizar hazañas extraordinarias. Este acto de fe les catapultó a ser reconocidos y recordados como grandes héroes de la fe. Examinemos algunos ejemplos.

La fe tiene el poder de transformar la Palabra de Dios en una realidad tangible en nuestra vida. En Lucas 5:5, vemos cómo Simón Pedro confía en la palabra de Jesús para echar la red y logra una pesca milagrosa. Del mismo modo, en Mateo 14:28-29, Pedro camina sobre las aguas al confiar en la palabra de Jesús que le dice: "Ven". Esto se debe a que la fe nos capacita para hacer lo que creemos y materializar nuestras creencias. La fe se apropia de las promesas de Dios, creyendo firmemente en Su Palabra. En Josué 14:11-12, Caleb se aferra a la promesa de Dios sobre la tierra y declara su fuerza para la batalla. Al igual que a él, también a nosotros la fe nos permite declarar con confianza lo que Dios ha dicho y creer que Él lo cumplirá.

La fe, por otro lado, convierte la espera en gozo. Proverbios 13:12 nos habla de las dos formas de esperar: atormentado o gozoso. La fe nos permite esperar con alegría, viendo más allá de las circunstancias actuales. A través de la fe, podemos anticipar con gozo las promesas de Dios que están por venir.

La fe también protege la mente del razonamiento lógico negativo. En Números 13:30 y 14:8-9, vemos a Caleb desafiando el razonamiento lógico y confiando en la promesa de Dios sobre la tierra. Y es que la fe no se guía por la lógica humana, sino por la confianza en lo que Dios ha dicho, permitiéndonos superar las voces negativas y creer en lo imposible.

## COMO QUIERE JESÚS QUE USEMOS LA FE

Jesús nos proporciona varios consejos relacionados con el uso de la fe, la moneda de Dios. En Lucas 9:3, Jesús instruye a sus discípulos antes de enviarlos, indicándoles que no tomen nada para el camino. Este enfoque es respaldado en Mateo 10:1-10, donde Jesús les dice que no se preocupen por provisiones materiales, ya que, al predicar el evangelio, son dignos de ser sustentados por aquellos a quienes sirven.

Al volver de su misión asignada, Jesús les pregunta a sus discípulos si les faltó algo cuando los envió sin bolsa, alforja o calzado en Lucas 22:35. Su respuesta fue “Nada”. Aquí, Jesús destaca que el uso de la fe es suficiente para cubrir todas sus necesidades, desde la vestimenta hasta la comida y el alojamiento.

Con ello Jesús les enseña a no limitarse por el tema del dinero y a utilizar la moneda de Dios, que es la fe, para saldar todas sus deudas y cubrir sus necesidades. Advierte que ver el dinero como solución puede convertirse en un impedimento para hacer la obra de Dios. En lugar de depender del dinero, se insta a confiar en Dios y comenzar las obras con fe.

La instrucción es actuar como si ya se tuviera el dinero necesario, empezar sin esperar y organizar todo con fe, la moneda de Dios. Jesús nos brinda una lección valiosa sobre cómo utilizar esta moneda en nuestra vida diaria.

## CÓMO USÓ JESÚS LA FE (LA MONEDA DE DIOS)

Jesús nunca preguntó si había dinero, si había plata. Siempre vemos a Jesús usando la fe, la moneda de Dios. Dios es el Dios de los recursos (Marcos 11:1-3). Jesús eligió un pollino que nunca había sido montado para entrar a Jerusalén. No lo vemos diciendo: "Muchachos ¿Qué hacemos? Necesito un transporte. ¿Quién tiene un amigo que tenga un pollino para entrar a Jerusalén? Llámenlo". Jesús les dijo: "Vayan a la aldea, desaten el pollino, y si alguien les pregunta por qué lo hacen, respondan: 'El Maestro lo necesita'". La moneda de Dios, que es la fe, los capacitó para hacerlo, incluso cuando no tenían nada en sus manos. ¡Dios proveyó!

¿Estás plantando una iglesia? Tú no necesitas un edificio con capacidad para cinco mil personas por ahora; lo importante es comenzar, y Dios hará lo que falta. Lo que Dios desea es que creamos que Él puede hacerlo todo, usando la fe. Esto funciona de la siguiente manera: ¿Por qué les fue entregado el pollino? Porque el Maestro lo necesitaba. De igual manera Dios proveerá para tus necesidades en el momento preciso a través de los medios que Él considere adecuados.

Jesús no se preocupó por el dinero para la Pascua (Marcos 14:12-13). No preguntó: "¿Quién pagará por la fiesta de la Pascua?". A pesar de que la Pascua requería una preparación de siete días con un banquete, los discípulos le preguntaron qué harían para la Pascua. Sin embargo, el Señor no mostró preocupación por el dinero. En lugar de eso, les indicó que fueran a la ciudad, y que ahí encontrarían a un hombre llevando un cántaro de agua, lo siguieran y le dijeran que necesitaban un lugar para celebrar la Pascua. Cuando estás en el servicio a Dios Él elimina la preocupación por el dinero, ya que Jesús se encarga y provee sin inquietudes.

Cuando enfrentes comentarios sobre la falta de recursos, ignóralos por completo porque Jesús tiene la solución (Hageo 2:8): *"Mía es la plata, y mío es el oro, dice Jehová de los ejércitos".* La fe opera de esta manera En Mateo 17:27 leemos: *"Ve al mar, echa el anzuelo, y el primer pez que saques, ábrele la boca. Encontrarás una moneda; tómala y dásela por mí y por ti".* Esta narrativa destaca que Dios no quiere que sufras ni te preocupes por el dinero; Él tiene la solución.

La fe no se trata de la disponibilidad material, sino de la creencia firme en lo que puede ser (Mateo 25:15-17). Acaso lees en la Biblia que Jesús empezó un proyecto diciendo: ¿de dónde compraremos pan para que coman estos? No, no lo hizo. En Juan 6:5-12 leemos:

*"Cuando alzó Jesús los ojos, y vio que había venido a él gran multitud, dijo a Felipe: ¿De dónde compraremos pan para que*

*coman estos? Pero esto decía para probarle; porque él sabía lo que había de hacer. Felipe le respondió: Doscientos denarios de pan no bastarían para que cada uno de ellos tomase un poco. Uno de sus discípulos, Andrés, hermano de Simón Pedro, le dijo: Aquí está un muchacho, que tiene cinco panes de cebada y dos pececillos; mas ¿qué es esto para tantos? Entonces Jesús dijo: Haced recostar la gente. Y había mucha hierba en aquel lugar; y se recostaron como en número de cinco mil varones. Y tomó Jesús aquellos panes, y habiendo dado gracias, los repartió entre los discípulos, y los discípulos entre los que estaban recostados; asimismo de los peces, cuanto querían. Y cuando se hubieron saciado, dijo a sus discípulos: Recoged los pedazos que sobraron, para que no se pierda nada".*

Si leemos cuidadosamente notaremos que Felipe tenía un enfoque centrado exclusivamente en el dinero. Su mentalidad estaba arraigada en la preocupación por los recursos económicos. Felipe resaltó las limitaciones, como se observa en la referencia a los 200 denarios y su desesperación ante la falta de recursos, sumiéndose en la desesperanza al no encontrar respuestas. Su perspectiva carecía de la capacidad de percibir la obra de Dios, ya que la fe no jugaba un papel prominente en su manera de vivir. La historia de la multiplicación de los panes y los peces sirve como un recordatorio de que nuestra fe a menudo se ve obstaculizada por la dependencia en lo que vemos, en lugar de confiar en lo invisible.

El Salmo 44 nos señala cómo la falta de fe puede limitar nuestras expectativas en lugar de confiar en el poder ilimitado de Dios. Aquellos que piensan según la carne se enfrentan a limitaciones, ya que dudan del poder de Dios y, por ende, no pueden recibir las bendiciones del Señor. Felipe tenía cierta incapacidad para reconocer el interés y el amor de Dios. Aquellos que son de esta manera, aunque puedan dar gracias por lo que tienen, carecen de aspiraciones más elevadas y tienden a depender de sus propios esfuerzos o de la ayuda de otros, sin buscar verdaderamente la gloria de Dios en la manifestación de milagros. La clave reside en transformar esta mentalidad limitada en una que reconozca el poder, el interés y el amor ilimitados de Dios, permitiendo que la fe sea la moneda que guía todas las acciones y expectativas.

La mentalidad de Andrés, por otro lado, se caracterizaba por su enfoque en las limitaciones y las imposibilidades (Juan 6:8-9). En este pasaje, Andrés, hermano de Simón Pedro, destaca la presencia de un muchacho con cinco panes de cebada y dos pescados, pero cuestiona su relevancia ante la gran multitud. Este tipo de pensamiento refleja a aquellos que buscan soluciones, pero carecen de la fe necesaria para creer en lo que Dios puede hacer. Jesucristo buscaba que reconocieran sus acciones previas y otros milagros presenciados, recordándoles que él tenía el poder de proveer para la multitud.

El problema radica en perder de vista a un Dios capaz de sustentar, alimentar y proveer en cualquier situación. Aquellos que se centran únicamente en los problemas en lugar de ver las oportunidades para los milagros, a pesar de profesar conocer a Dios, demuestran una falta de fe en su poder y capacidad. La clave reside en cambiar esta perspectiva limitada y reconocer las oportunidades que se presentan para presenciar los milagros de Dios.

## LA FE DE JESÚS EN SU VIDA COTIDIANA

Debemos seguir el ejemplo de Jesús y utilizar la fe en nuestras vidas. Jesús desea que vivamos con confianza, reconociendo que tiene control sobre todas las cosas. Al examinar la vida cotidiana de Jesús, notamos su deseo de que seamos como él, utilizando la fe de la misma manera. Él nos insta diciendo: "Tengan fe en Dios". Aquellos que ejercen la fe en sus vidas exhiben las mismas características que el Señor Jesús.

Jesús demostró valentía en todas las situaciones. Enfrentó la amenaza de muerte sin temor (Lucas 13:31-32), cuando unos fariseos le advirtieron que Herodes planeaba matarlo. Respondió desafiante, destacando que continuaba su obra de expulsar demonios y realizar curaciones, sin temor al futuro. En su encuentro con Satanás, durante la tentación en el desierto (Mateo 4:1-3), Jesús no cedió al miedo, incluso después de ayunar cuarenta días. Enfrentó al tentador con autoridad. Además, frente a una tormenta feroz en el mar (Mateo 13:23-27), mientras sus discípulos entraban en pánico, Jesús permaneció tranquilo y seguro, reprendió al viento y al mar, demostrando su dominio sobre lo imposible. Jesús no temió a la adversidad, a Satanás ni a la muerte. Su ejemplo nos inspira a enfrentar la vida con valentía y fe.

Jesús nunca dudó; sus palabras se cumplían y él mismo las creía plenamente. Su deseo es que también nosotros le creamos sin titubear, ya que la duda se convierte en el obstáculo que impide experimentar lo sobrenatural de Dios. Alentándonos a confiar, nos invita a examinar sus manos y pies, eliminando cualquier duda. Jesús demostró una fe inquebrantable en lo que enseñaba:

*"Y pasando por la mañana, vieron que la higuera se había secado desde las raíces. Entonces Pedro, acordándose, le dijo: Maestro, mira, la higuera que maldijiste se ha secado. Respondiendo Jesús, les dijo: Tened fe en Dios. Porque de cierto os digo que cualquiera que dijere a este monte: Quítate y échate en el mar, y no dudare en su corazón, sino creyere que será hecho lo que dice, lo que diga le será hecho"* (Marcos 11:20-23).

Jesús nunca se preocupó por las necesidades materiales. En una ocasión, instruyó a sus discípulos a traer un pollino, asegurándoles que, si alguien les preguntaba, debían responder que el Señor lo necesitaba (Mateo 17:27). En otro episodio, para pagar los impuestos y evitar enojar a los cobradores, le indicó a uno de sus seguidores que fuera al mar, lanzara el anzuelo y abriera la boca del primer pez capturado, encontrando así una moneda.

La confianza de Jesús era innegable. Afrontaba las situaciones con seguridad, comparable a la confianza de un león. Incluso frente a una tormenta, mientras sus discípulos se inquietaban, él permanecía en la popa, durmiendo, y luego reprendió la tempestad. Jesús demostró un nivel de confianza y calma que inspira a seguir su ejemplo.

*"Y entrando él en la barca, sus discípulos le siguieron. Y he aquí que se levantó en el mar una tempestad tan grande que las olas cubrían la barca; pero él dormía. Y vinieron sus discípulos y le despertaron, diciendo: ¡Señor, sálvanos, que perecemos! Él les dijo: ¿Por qué teméis, hombres de poca fe? Entonces, levantándose, reprendió a los vientos y al mar; y se hizo grande bonanza. Y los hombres se maravillaron, diciendo: ¿Qué hombre es este, que aun los vientos y el mar le obedecen?"* (Mateo 8:23-27).

Jesús demostró una extraordinaria capacidad para mantenerse enfocado en su propósito, sin distraerse por las opiniones negativas que la gente pudiera tener de él. Su determinación se evidenció claramente cuando, en la región de Cesarea de Filipos, consultó a sus discípulos sobre las diversas opiniones que circulaban acerca de su identidad (Mateo 16:13-17). A pesar de las interpretaciones erróneas y las calumnias que surgían, Jesús no se dejó afectar y mantuvo su enfoque en la misión que tenía en la tierra. Incluso cuando los fariseos le advirtieron sobre Herodes, quien supuestamente quería matarlo, Jesús respondió con valentía y determinación, proclamando su labor de expulsar demonios y realizar curaciones hasta cumplir su obra (Lucas 13:31-32). La capacidad de Jesús para no dejarse influenciar por la opinión de los demás es un ejemplo inspirador de enfoque y determinación en medio de las adversidades.

## DIOS YA TIENE LOS RECURSOS

Cuando Dios llama a cumplir una obra, ya ha provisto de antemano los recursos necesarios para llevar a cabo esa tarea. Por lo tanto, no debemos preocuparnos cuando recibimos el llamado de Dios para realizar Su obra, ya que Él lo ha planificado todo y dispone de los recursos necesarios, siendo la fe la divisa del cielo. Un ejemplo de esto se encuentra en Éxodo 35:20-29, donde toda la congregación de los hijos de Israel, animada por la voluntad y el estímulo de sus corazones y espíritus, se presenta voluntariamente ante Jehová para contribuir a la obra del tabernáculo de reunión y otras tareas sagradas. Tanto hombres como mujeres ofrecen sus posesiones, ya sea oro, plata, bronce, madera o habilidades como la hilatura y tejido. Las contribuciones voluntarias reflejan la generosidad y disposición de aquellos que, al responder al llamado de Dios, aportan lo que tienen con corazones agradecidos y voluntarios.

El personal necesario para la obra ya había sido preparado por Dios. Moisés recibió la instrucción divina de que Bezaleel, hijo de Uri y de la tribu de Judá, había sido llenado del Espíritu de Dios con sabiduría, inteligencia, ciencia y habilidades artísticas. Además, contaba con la colaboración de Aholiab, de la tribu de Dan. Estos individuos fueron dotados de sabiduría de corazón para realizar toda obra de arte, invención, bordado y diseño necesario para llevar a cabo la tarea que Dios les encomendó. El relato en Éxodo 35:30-35 destaca cómo Dios provee el personal capacitado y talentoso para ejecutar Su obra.

*Así, con la fe como la moneda de Dios, nos dirigimos hacia adelante sin preocupaciones, siguiendo el ejemplo de los héroes de la fe. Amén.*

CAPÍTULO

**TRES**

# CARACTERÍSTICAS DE UNA PERSONA DE **FE**

*"Entonces les tocó los ojos, diciendo: Conforme a vuestra fe os sea hecho"* (Mateo 9:29).

La fe es la clave fundamental para llevar a cabo la voluntad y el propósito que Dios tiene para nuestras vidas. Incluso cuando carecemos de recursos financieros, estamos dispuestos a arriesgarlo todo por ser personas de fe. Esta fe implica valentía y salir de nuestra zona de confort. Donde hay fe, hay milagros, y donde no hay riesgos, no hay recompensas. Si no experimentas milagros en tu vida, es posible que no estés caminando en fe.

¿Sientes que Dios te está desafiando a dar pasos de fe? La Escritura nos enseña que sin fe es imposible agradar a Dios. El propósito es que nuestras vidas sean agradables a Él, que aprendamos a confiar más allá de lo que lo hace la gente común.

Durante este tiempo, tu fe será desafiada, entendida y fortalecida como nunca antes. Echemos un vistazo a las características distintivas de una persona de fe que encontramos en el libro de Hebreos, donde se mencionan aquellos que entraron en el salón de la fama de la fe.

## LAS PERSONAS DE FE, CREEN AUN CUANDO NO TIENEN CLARO EL SIGUIENTE PASO

La fe es la capacidad de creer incluso cuando no se comprenda exactamente cómo dar el siguiente paso. Hebreos 11:11

destaca el caso de Sara que, siendo estéril, recibió fuerzas para concebir y dar a luz en su vejez porque creía en la fidelidad de quien le hizo la promesa. Aquellos que viven por la fe están dispuestos a arriesgarlo todo. La fe implica visualizar el futuro en el presente, ver lo que está por venir. Es la garantía de lo que se espera y la convicción de lo que no se ve.

Aunque el enfoque humano tiende a creer solo cuando se ve, la perspectiva divina desafía a creer para poder ver. A lo largo de la historia, ningún logro importante ha ocurrido sin la compañía de la fe. Alguien tuvo que creer en ello antes de que se manifestara, alguien tuvo que pagar el precio de la fe. Nada sucede hasta que alguien cree que todo es posible. La fe implica crear a pesar de la aparente imposibilidad. Un ejemplo es Abraham, a quien Dios le ordenó salir sin saber adónde iba, pero confió y obedeció, creyendo en la dirección divina.

## LAS PERSONAS DE FE OBEDECEN AUN CUANDO NO LO ENTIENDAN TODO

Las personas de fe demuestran una fe que obedece incluso cuando no entiende las circunstancias, una fe audaz. Hebreos 11:7 menciona a Noé, quien, advertido por Dios sobre eventos invisibles, construyó el arca con temor y así condenó al mundo, siendo heredero de la justicia por la fe. Este tipo de fe se caracteriza por actuar sin la necesidad de entender completamente. La Biblia relata que antes del diluvio, nunca había llovido, y Noé, a pesar de no comprender completamente el concepto de un diluvio, obedeció con fe. Aunque no tenía sentido construir una enorme arca en medio de la tierra sin acceso al mar, Noé obedeció porque confiaba en Dios.

Otro ejemplo similar es el de Abraham, quien, según Hebreos 11:8, también obedeció a Dios sin conocer todos los detalles. Muchos desean comprender todo antes de dar el primer paso. En la historia de la iglesia mencionada, el fundador respondió a una llamada de Dios sin un plan maestro detallado, simplemente actuó por fe al retirarse por siete días. Este acto de fe ha llevado a numerosas personas a recibir el bautismo, mostrando cómo la obediencia a Dios, incluso cuando no se comprende completamente, puede tener un impacto significativo en la vida de otros.

## LAS PERSONAS DE FE DAN AUN CUANDO NO TIENEN EN ABUNDANCIA

Las personas de fe no esperan tener abundancia para dar; poseen una fe que da incluso en tiempos de escasez. Este principio se ilustra en Marcos 12:41-44, donde Jesús observa a la gente depositar sus ofrendas en el arca. Aunque muchos ricos contribuyen con grandes sumas, una viuda pobre entrega dos blancas, equivalente a un cuadrante. Jesús destaca que, a pesar de su pequeña cantidad, la viuda dio más que todos los demás, ya que ofreció todo lo que tenía, su sustento completo, mientras que los demás solo daban de su abundancia.

La conexión entre la fe y el acto de dar es evidente. Dios utiliza las finanzas como una forma de poner a prueba nuestra lealtad y prioridades. En este contexto, se presentan tres motivos para dar:

1. Algunos dan por miedo, limitándose a lo seguro y razonable.

2. Otros dan por persuasión, influenciados por la presión externa y la convención social. Sin embargo, la dimensión más elevada es...

3. Dar por fe, cuando reconocemos que todo proviene de Dios y expresamos nuestra confianza en Él al ofrecer lo que tenemos.

El ejemplo de Abel en Génesis 4:4 resalta cómo su ofrenda, dada por fe, demostró su justicia y obtuvo la aprobación divina. No se trata simplemente de la cantidad dada, sino de la actitud y la fe detrás de la ofrenda. Dar por fe implica confiar en Dios, incluso cuando los recursos son limitados. A diferencia de la mentalidad de algunos que dicen: *"Dios, dame primero y luego te daré"*, la fe auténtica impulsa a dar de antemano, como sembrar una semilla en anticipación de una cosecha futura.

## LAS PERSONAS DE FE PERSISTEN DONDE OTROS SE DAN POR VENCIDOS

Las personas de fe persisten cuando todos se dan por vencidos, como se destaca en Hebreos 11:27, que menciona cómo Moisés, por fe, abandonó Egipto sin temor a la ira del rey, sosteniéndose como si pudiera ver al Invisible.

Esta fe demostrada por Moisés contradice la lógica cultural que nos insta a basar nuestras decisiones en nuestros sentimientos y estados de ánimo. En contraste, la fe persistente es determinante y va en contra de la corriente cultural. No se trata de hacer lo que te apetece, sino de hacer lo que la mayoría evita. La clave, como se ve en la historia del éxodo de Israel, es estar dispuesto a hacer lo que otros no quieren hacer.

La analogía con los atletas refuerza el concepto que el éxito no se logra solo cuando se tiene el deseo. Así como los atletas desarrollan músculos mediante la constancia en el entrenamiento, la fe no puede basarse solo en el deseo ocasional de obedecer a Dios. La fe requiere persistencia, la disposición de hacer lo correcto incluso cuando se quiere rendir.

La referencia a Moisés resalta su firmeza en el propósito, manteniéndose enfocado en Dios invisible. La fe persistente se mantiene firme incluso cuando los demás se dan por vencidos, y esto implica un enfoque constante en la presencia de Dios.

## LAS PERSONAS DE FE AGRADECEN ANTES DE RECIBIR LO PROMETIDO

La fe auténtica es una fe que agradece antes de recibir lo prometido, como se ilustra en Hebreos 11:30, donde la fe derribó los muros de Jericó después de rodearlos durante siete días.

Los israelitas llevaron a cabo la estrategia divina marchando alrededor de Jericó durante seis días, y en el séptimo día, rodearon la ciudad siete veces antes de expresar un fuerte grito de alabanza al Señor, anticipándose a la victoria que estaba por venir. Es esencial destacar que agradecieron a Dios de antemano, antes de que los muros cayeran, y, efectivamente, las murallas se desplomaron.

La distinción entre gratitud y fe, se resalta al señalar que esperar a que la oración sea respondida para agradecer es gratitud. Por otro lado, la fe implica agradecer a Dios por lo que ha hecho, por lo que se cree que hará, incluso antes de que se manifieste. La fe auténtica se manifiesta en la gratitud anticipada, confiando en la promesa divina antes de verla materializarse.

## LAS PERSONAS DE FE CONFÍAN EN DIOS EN TIEMPOS DIFÍCILES

La vida del justo, como se dice en la Escritura, está arraigada en su fe, viviendo por ella. Cuando se enfrentan a momentos nublados, la fe persiste, confiando incluso en la incertidumbre. La certeza de que Dios está presente y actúa -aunque no siempre según nuestras expectativas-, es fundamental para la fe auténtica.

La respuesta divina puede variar: a veces sí, otras veces no. Aquellos con una fe genuina continúan confiando y aceptan que, si una petición es negada, podría ser porque hay algo mejor o no es el momento adecuado. Dios, en su sabiduría, puede responder "no" a una oración si considera que es incorrecta o si tiene un propósito diferente. También puede decir "todavía no", ofreciendo una perspectiva superior y comprendiendo lo que es mejor para la persona.

La confianza en lo que es mejor para la vida, como se indica en 2 Corintios 13:7, es esencial. Dios se interesa especialmente en el carácter, buscando fortaleza, madurez y habilidades para manejar las bendiciones y desafíos. La vida basada en la fe no impide los problemas; los cristianos que enfrentan persecución en lugares como China, el norte de África y la India son ejemplos de héroes de la fe. La auténtica fe se demuestra no solo en tiempos fáciles, sino también en los valles de sombre que atravesamos a lo largo de la vida, cuando las respuestas no son evidentes y la confianza en Dios se mantiene.

## SE MANTIENEN FIRMES EN SUS DECISIONES Y CONVICCIONES

Las personas de fe son firmes en sus convicciones:

*"Y Daniel propuso en su corazón no contaminarse con la porción de la comida del rey, ni con el vino que él bebía; pidió, por tanto, al jefe de los eunucos que no se le obligase a contaminarse"* (Daniel 1:8).

*"Cualquiera, pues, que me oye estas palabras, y las hace, le compararé a un hombre prudente, que edificó su casa sobre la roca. Descendió lluvia, y vinieron ríos, y soplaron vientos, y golpearon contra aquella casa; y no cayó, porque estaba fundada sobre la roca"* (Mateo 7:24-25).

Las personas de fe se mantienen firmes en sus convicciones como Daniel. En el pasaje antes citado, Daniel y sus amigos, que fueron llevados cautivos a Babilonia por el rey Nabucodonosor, se encuentran en la corte del rey y se les ofrece parte de la comida y el vino del rey. Sin embargo, Daniel decide no contaminarse con la comida y el vino del rey, ya que esto implicaría violar las leyes dietéticas y ceremoniales de su fe judía.

Este acto de resistencia por parte de Daniel y sus amigos demuestra su firmeza en mantener su fidelidad a Dios y seguir sus principios éticos, incluso en un entorno desafiante. La historia continúa mostrando cómo Dios bendice la fidelidad de Daniel y sus amigos al proporcionarles salud y sabiduría, lo que eventualmente los lleva a ganar favor en la corte babilónica.

Las personas de fe demuestran su firmeza en las decisiones que toman. Un ejemplo claro es el de Moisés, quien, por fe, salió de Egipto sin temor a la ira del rey, manteniéndose firme como si estuviera viendo al Invisible.

Además, estas personas también muestran firmeza en las batallas que enfrentan, como se ilustra en Jueces 7:17. Allí, cada uno se mantuvo firme en su puesto alrededor del campamento, y cuando llegó el momento adecuado, el ejército ejecutó una estrategia valiente y unida. Los trescientos soldados tocaron las trompetas, y Jehová obró milagrosamente, poniendo la espada de cada uno contra su compañero en todo el campamento.

Este relato destaca cómo la fe impulsa a las personas a mantenerse firmes incluso en medio de las batallas más desafiantes.

## LAS PERSONAS DE FE SE PREOCUPAN POR OTROS

En Marcos 2:2-11 leemos:

*"Entonces vinieron a él unos trayendo un paralítico, que era cargado por cuatro. Y como no podían acercarse a él a causa de la multitud, descubrieron el techo de donde estaba, y haciendo una abertura, bajaron el lecho en que yacía el paralítico. Al ver Jesús la fe de ellos, dijo al paralítico: Hijo, tus pecados te son perdonados. Estaban allí sentados algunos de los escribas, los cuales cavilaban en sus corazones: ¿Por qué habla este así? Blasfemias dice. ¿Quién puede perdonar pecados, sino solo Dios? Y conociendo luego Jesús en su espíritu que cavilaban de esta manera dentro de sí mismos, les dijo: ¿Por qué caviláis así en vuestros corazones? ¿Qué es más fácil, decir al paralítico: Tus pecados*

*te son perdonados, o decirle: ¿Levántate, toma tu lecho y anda? Pues para que sepáis que el Hijo del Hombre tiene potestad en la tierra para perdonar pecados (dijo al paralítico): A ti te digo: Levántate, toma tu lecho, y vete a tu casa".*

Jesús, sin duda, percibió más que la condición física de un hombre paralítico; Él reconoció la fe de aquellos que lo llevaban. Las personas de fe se destacan por su preocupación desinteresada por los demás, incluso cuando enfrentan incapacidades. En el caso del paralítico, su condición lo dejaba inmovilizado, y su necesidad de ayuda destacaba la importancia de la solidaridad. En este mundo, es crucial contar con individuos dispuestos a auxiliar a los demás. Estas personas de fe se distinguen porque se preocupan por otros sin esperar recompensas tangibles. Su actitud va más allá de recibir regalos materiales; buscan genuinamente ayudar sin condiciones. Asimismo, se ocupan de los demás cuando otros eluden esa responsabilidad. La necesidad está omnipresente, pero a menudo ignoramos las dificultades que enfrenta la gente.

## CINCO COSAS ACERCA DE LA FE

La operación de la fe varía en cada persona; de hecho, la fe no sigue una única forma de manifestarse. En distintas personas, experimentamos cómo la fe opera de maneras diversas, y no podemos limitarla a un único enfoque. La manera de operar de la fe es flexible y se adapta a la individualidad de cada creyente, manifestándose de maneras distintas en la vida de diferentes personas.

### 1. La fe de María y Marta

En Juan 11:21-27 leemos:

*"Y Marta dijo a Jesús: Señor, si hubieses estado aquí, mi hermano no habría muerto. Mas también sé ahora que todo lo que pidas a Dios, Dios te lo dará. Jesús le dijo: Tu hermano resucitará. Marta le dijo: Yo sé que resucitará en la resurrección, en el día postrero. Le dijo Jesús: Yo soy la resurrección y la vida; el que cree en mí, aunque esté muerto, vivirá. Y todo aquel que vive y cree en mí, no morirá eternamente. ¿Crees esto? Le dijo: Sí, Señor; yo he creído que tú eres el Cristo, el Hijo de Dios, que has venido al mundo".*

María, Marta y Lázaro eran amigos cercanos de Jesús, compartiendo momentos y conversaciones sobre el reino de los cielos. La fe de ellas se centraba en que Jesús llegara antes de que Lázaro muriera, confiando en que, si Jesús hubiera estado presente, su hermano no habría fallecido. Sin embargo, su fe se limitaba a la presencia física de Jesús, sin considerar la posibilidad de que Él pudiera obrar a distancia.

La fe de ellas también incluía la creencia en la resurrección en el día postrero, pero Jesús las desafía a creer en el presente. Al decirles que, si creen, verán la gloria de Dios, Jesús les enseña que la fe va más allá dc las circunstancias actuales. Él quiere que comprendan que aquel que cree en Él, aunque muera, vivirá. A pesar de esto, María y Marta parecen limitar la acción milagrosa de Jesús a su presencia física, mostrando una falta de fe en su poder, incluso cuando está ausente. La escena resalta la necesidad de una fe que trascienda las limitaciones del tiempo y espacio, confiando en el poder de Jesús en todas las circunstancias.

## 2. La fe de Jairo

En Marcos 5:21-23 leemos:

*"Pasando otra vez Jesús en una barca a la otra orilla, se reunió alrededor de él una gran multitud; y él estaba junto al mar. Y vino uno de los principales de la sinagoga, llamado Jairo; y luego que le vio, se postró a sus pies, y le rogaba mucho, diciendo: Mi hija está agonizando; ven y pon las manos sobre ella para que sea salva, y vivirá".*

Jairo tenía la firme convicción que si Jesús ponía sus manos sobre su hija, ella sería sanada. Sin embargo, su comprensión de la acción sanadora de Jesús estaba limitada a la creencia de que el Maestro debía estar físicamente presente para realizar el milagro. La hija de Jairo, una niña de 12 años, había fallecido debido a una enfermedad grave no especificada en la Biblia. A pesar de su trágica pérdida, Jesús, guiado por el Padre, fue a la casa de Jairo y resucitó a la niña pronunciando las palabras *"Talita cumi"*, que significan "Niña, a ti te digo, levántate".

Cuando recibió la noticia de la muerte de su hija, Jairo enfrentó una crisis de fe, ya que esperaba que Jesús pusiera sus manos sobre ella para sanarla. Jesús, al escuchar las palabras de Jairo, le dijo: "No temas, cree solamente". A pesar de la aparente demora y el pesar circundante, Jesús ingresó a la casa, donde proclamó que la niña no estaba muerta sino dormida, desafiando la percepción de los presentes. Después de expulsar a los que se burlaban, Jesús tomó la mano de la niña, la resucitó, y ella se levantó. Esta experiencia enseñó a Jairo que la fe no depende de circunstancias visibles, sino de confiar en la autoridad y el poder de Jesús, independientemente de la aparente demora o las circunstancias adversas.

## 3. La fe de la mujer del flujo de sangre

En Marcos 5:25-34, el texto sagrado nos dice:

*"Pero una mujer que desde hacía doce años padecía de flujo de sangre, y había sufrido mucho de muchos médicos, y gastado todo lo que tenía, y nada había aprovechado, antes le iba peor, cuando oyó hablar de Jesús, vino por detrás entre la multitud, y tocó su manto. Porque decía: Si tocare tan solamente su manto, seré salva. Y en seguida la fuente de su sangre se secó; y sintió en el cuerpo que estaba sana de aquel azote. Luego Jesús, conociendo en sí mismo el poder que había salido de él, volviéndose a la multitud, dijo: ¿Quién ha tocado mis vestidos? Sus discípulos le dijeron: Ves que la multitud te aprieta, y dices: ¿Quién me ha tocado? Pero él miraba alrededor para ver quién había hecho esto. Entonces la mujer, temiendo y temblando, sabiendo lo que en ella había sido hecho, vino y se postró delante de él, y le dijo toda la verdad. Y él le dijo: Hija, tu fe te ha hecho salva; ve en paz, y queda sana de tu azote".*

Esta mujer afirmó: "Si tan solo toco el borde de su manto, quedaré sana". Su fe se activaría al tocar las puntas del manto del Maestro, y este acto era esencial para obtener el milagro. La mujer estaba dispuesta a enfrentar obstáculos, como aguantar pisotones y apretones en la multitud para acercarse a Jesús. Aunque su esfuerzo fue notable y su fe admirable, es esencial comprender que no todos deben seguir la misma práctica para obtener un milagro.

Este milagro no debería interpretarse como una regla rígida para activar la fe, ya que cada persona experimenta la fe de manera única. Mientras admiramos la perseverancia y fe de esta mujer, no debemos generalizar que todos deben pasar por las mismas dificultades para obtener un milagro. La lección principal aquí es que la fe puede expresarse de diversas maneras, y aunque esta mujer creyó que tocando el manto era esencial para su sanidad, no se establece como una norma para todos los milagros.

## 4. La fe del Centurión Romano

Mateo 8:7-13 nos cuenta:

*"Y Jesús le dijo: Yo iré y le sanaré. Respondió el centurión y dijo: Señor, no soy digno de que entres bajo mi techo; solamente di la palabra, y mi criado sanará. Porque también yo soy hombre bajo autoridad, y tengo bajo mis órdenes soldados; y digo a este: Ve, y va; y al otro: Ven, y viene; y a mi siervo: Haz esto, y lo hace. Al oírlo Jesús, se maravilló, y dijo a los que le seguían: De cierto os digo, que ni aun en Israel he hallado tanta fe. Y os digo que vendrán muchos del oriente y del occidente, y se sentarán con Abraham e Isaac y Jacob en el reino de los cielos; mas los hijos del reino serán echados a las tinieblas de afuera; allí será el lloro y el crujir de dientes. Entonces Jesús dijo al centurión: Ve, y como creíste, te sea hecho. Y su criado fue sanado en aquella misma hora".*

El centurión exhibió una fe extraordinaria que sorprendió a Jesús. Ante esta expresión de fe, Jesús declaró que ni siquiera en Israel había encontrado tanta fe. Es notable que el centurión romano poseía una fe que superaba la de todo el pueblo de Israel. Lo intrigante es que esta fe tan significativa provenía de alguien que no era judío.

La fe del centurión se caracterizaba por su enfoque en la palabra. Este hombre comprendía la autoridad de Jesús y reconocía que, con solo pronunciar la palabra, las cosas se resolverían. Su fe se manifestaba en el entendimiento de que la autoridad de Jesús estaba ligada a su palabra.

Este tipo de fe, conocida como la fe de la Palabra, reflejaba la convicción que si Jesús lo decía, él lo creía y, por ende, se realizaría. La fe del centurión destacó la deidad de Cristo y su confianza absoluta en la palabra del Señor para obtener la sanidad de su criado.

### 5. La fe de la mujer Sirofenicia

¿Cómo operó la fe de la mujer sirofenicia? La suya era una fe que no desaprovechaba oportunidades, incluso cuando a pesar de la burla, el escarnio y la humillación. Quizás Jesús ya no pasaría por ese lugar y ella reconoció que esta era su oportunidad. Su fe no se amedrentó ante las posibles críticas o desafíos, sino que aprovechó el momento para buscar la ayuda de Jesús. Mateo 15:21- 28 nos dice:

*"Saliendo Jesús de allí, se fue a la región de Tiro y de Sidón. Y he aquí una mujer cananea que había salido de aquella región clamaba, diciéndole: ¡Señor! ¡Hijo de David, ten misericordia de mí! Mi hija es gravemente atormentada por un demonio. Pero Jesús no le respondió palabra. Entonces acercándose sus discípulos, le rogaron, diciendo: Despídela, pues da voces tras nosotros. Él respondiendo, dijo: No soy enviado sino a las ovejas perdidas de la casa de Israel. Entonces ella vino y se postró ante él, diciendo: ¡Señor, socórreme! Respondiendo él, dijo: No está bien tomar el pan de los hijos, y echarlo a los perrillos. Y ella dijo: Sí,*

*Señor; pero aun los perrillos comen de las migajas que caen de la mesa de sus amos. Entonces respondiendo Jesús, dijo: Oh mujer, grande es tu fe; hágase contigo como quieres. Y su hija fue sanada desde aquella hora".*

La fe de la sirofenicia es aquella que sabe aprovechar las oportunidades, que no deja pasar el momento cuando se presenta, incluso cuando parece que las puertas se cierran. Esta fe no se rinde cuando todo parece ir en contra; al contrario, persiste y busca oportunidades donde otros podrían ver obstáculos. No todos pueden abrazar esta fe. En esta ocasión, Jesús pasó por Fenicia, y esta mujer reconoció que era su única oportunidad, ya que no sabía cuándo volvería. A menudo, las oportunidades nos rodean, pero no todos están dispuestos a aprovecharlas. ¿Qué harías si hoy tuvieras la oportunidad de recibir algo que Dios quiere hacer en tu vida?

Aunque carecía de conocimientos teológicos profundos, ella entendía lo que Jesús podía hacer por ella al llamarlo "Hijo de David" y pedir misericordia. Dios no espera que tengas un profundo conocimiento teológico, pero valora tu fe, la cual se adquiere a través de experiencias únicas. Esta fe también se manifiesta en la capacidad de aprovechar incluso las cosas pequeñas; para ella, una migaja sería suficiente para liberar a su hija de los demonios. Jesús reconoció su fe diciendo: "Oh mujer, grande es tu fe; hágase contigo como quieres", y su hija fue sanada desde ese mismo momento.

Esta mujer también superó el desafío del silencio de Jesús, enfrentándose a la falta de respuesta de manera persistente. Incluso cuando Pedro sugirió despedirla debido a sus voces molestas, ella no se dejó vencer por el rechazo y perseveró. En resumen, la fe de la sirofenicia es una fe que sabe aprovechar las oportunidades, no se rinde ante el silencio ni se detiene frente al rechazo, continuando en busca de lo que cree.

Esta mujer, con su fe, superó varios desafíos. En primer lugar, enfrentó la preferencia cuando Jesús le dijo que su enfoque estaba en las ovejas perdidas de la casa de Israel. A pesar de esta respuesta, ella perseveró, demostrando valentía ante la preferencia declarada. Además, interrumpió el programa previsto por el Señor, quien estaba trabajando dentro de un programa profético para las ovejas perdidas de Israel en ese momento. La mujer, con su fe audaz, sacó a Jesús de este programa, desafiando las limitaciones y obteniendo su milagro.

La fe de esta mujer también acortó el tiempo necesario para la sanidad de su hija, ya que Jesús declaró que fuera hecha según su deseo, y la niña fue sanada desde ese mismo momento. La mujer no se ató a la lógica o la razón, ya que podría haber dudado debido a las preferencias declaradas y al programa establecido por Jesús. En lugar de eso, ella saltó de la lógica a la fe, creyendo que la fe puede operar más allá de lo que la razón puede comprender.

La enseñanza clave aquí es tener una fe del presente, creyendo que Dios puede hacer hoy los milagros que hizo en el pasado.

*No es necesario que Jesús ponga las manos sobre los problemas; más bien, se trata de creer en su Palabra y actuar con fe, aprovechando las oportunidades y declarando la acción divina en el presente.*

CAPÍTULO

# CUATRO

# CÓMO CONSTRUIR UNA VIDA DE **FE**

*"Y llegado a la casa, vinieron a él los ciegos; y Jesús les dijo: ¿Creéis que puedo hacer esto? Ellos dijeron: Sí, Señor. Entonces les tocó los ojos, diciendo: Conforme a vuestra fe os sea hecho".*
(Mateo 9:28-29)

La fe se manifiesta en la confianza y creencia práctica en Dios. No requiere un conocimiento teológico extenso; de hecho, la fe es accesible incluso para los niños. Hebreos 11 presenta una lista de hombres y mujeres de fe que creyeron en Dios de manera simple y directa, dejándolos como héroes en la historia de la fe.

A lo largo del capítulo, se presentan ejemplos concretos de figuras bíblicas que vivieron por fe, como Abel, Enoc, Noé, Abraham, Sara, Moisés y muchos otros. Cada uno de estos ejemplos ilustra cómo la fe condujo a la obediencia y a una relación cercana con Dios.

Hebreos 11 enfatiza la importancia de vivir por fe, confiando en Dios en medio de las circunstancias, obedeciendo sus mandamientos y manteniendo la esperanza en las promesas divinas. Este capítulo inspira a los creyentes a vivir de manera que refleje una confianza activa en Dios, independientemente de las circunstancias externas. La fe se presenta como la clave esencial para cumplir la voluntad y el propósito divino en la tierra, subrayando su importancia para experimentar el plan de Dios en la vida de cada individuo.

## FE LA MONEDA DE DIOS OBEDECE CUANDO NO ENTIENDE

De Noé y de Abraham leemos:

*"Por la fe Noé, cuando fue advertido por Dios acerca de cosas que aún no se veían, con temor preparó el arca en que su casa se salvase; y por esa fe condenó al mundo, y fue hecho heredero de la justicia que viene por la fe. Por la fe Abraham, siendo llamado, obedeció para salir al lugar que había de recibir como herencia; y salió sin saber a dónde iba. Por la fe habitó como extranjero en la tierra prometida como en tierra ajena, morando en tiendas con Isaac y Jacob, coherederos de la misma promesa"* (Hebreos 11:7-9).

La Biblia relata que antes del diluvio, nunca había llovido en la tierra; en cambio, la tierra era regada por un vapor que se elevaba como el rocío de la mañana. Cuando Dios instruyó a Noé a construir un arca para el diluvio, es posible que Noé, desconociendo qué era un diluvio o la lluvia, preguntara a Dios al respecto.

Aunque Noé no comprendía, su fe le llevó a obedecer sin cuestionar. Construyó la enorme embarcación en medio de la tierra, sin una salida al mar y sin haber experimentado la lluvia. Este acto ilustra cómo a veces obedecemos a Dios sin entender plenamente, y las explicaciones llegan después.

Otro ejemplo es Abraham, quien, según Hebreos 11:8, salió sin un plan maestro, respondiendo a la llamada de Dios. La obra actual también inició de manera similar, con un acto de fe, retirándome por siete días por la dirección divina. Abraham, al igual que nosotros en ocasiones, se aventuró sin un objetivo claro ni un mapa detallado, simplemente obedeciendo la voz de Dios.

El camino de la fe es progresivo, sin revelar el panorama completo, exigiendo creer por fe. Abraham, si le hubieran presentado todo el mapa, quizás no habría aceptado el plan de Dios; la fe, sin embargo, lo llevó a dar pasos sin una comprensión completa.

## LA FE CREE AUN CUANDO NO TIENE CLARO EL OBJETIVO

*"Por la fe Noé, cuando fue advertido por Dios acerca de cosas que aún no se veían, con temor preparó el arca en que su casa se salvase; y por esa fe condenó al mundo, y fue hecho heredero de la justicia que viene por la fe"* (Hebreos 11:7).

Esto significa visualizar el futuro en el presente, es ver de ante mano. La fe es la garantía de lo que se espera y la certeza (convicción) de lo que no se ve. El hombre dice en la actualidad, lo creeré cuando lo vea. Pero Dios dice no, lo tiene que creer, aunque no lo veas, lo mirarás cuando lo creas. Nunca en la historia de la humanidad ha habido un logro importante que no haya estado acompañado de fe. Alguien tuvo que creerlo antes que se llevara a cabo, antes de que ocurriera hubo alguien que pago el precio de la fe.

Nada ocurre hasta que alguien cree que todo es posible. La fe es creerlo, aunque se vea imposible cuando no se ve. Dios le dijo a Abraham que saliera, aunque no lo veía, salió sin saber adónde iba solamente creyendo a Dios.

## LA FE ES LA MONEDA QUE USAS PARA COMPRAR "SIN DINERO Y SIN PRECIO"

Dios es especialista en lo imposible. Él es capaz de proveernos cuando no tenemos nada:

*"Porque así dice el SEÑOR, Dios de Israel: «No se acabará la harina en la tinaja ni se agotará el aceite en la vasija, hasta el día en que el SEÑOR mande lluvia sobre la faz de la tierra. En su pobreza abundan en riquezas"* (1Reyes 17:14).

*"Asimismo, hermanos, os hacemos saber la gracia de Dios que se ha dado a las iglesias de Macedonia; que en grande prueba de tribulación, la abundancia de su gozo y su profunda pobreza abundaron en riquezas de su generosidad. Pues doy testimonio de que con agrado han dado conforme a sus fuerzas, y aún más allá de sus fuerzas"* (2 Corintios 8:1-3).

¿Sabías que tu fe y el acto de dar van de la mano? ¿Eres consciente de que Dios utiliza tus finanzas para fortalecer tu fe? En la encrucijada entre el diezmo y el pago de las cuentas, se plantea una prueba, y Dios pregunta: ¿a quién pondrás primero, a tu deuda o a mí?

Existen dos formas de dar:

1. Podemos dar por presión o miedo, cuando alguien nos presiona o sentimos temor. Sin embargo, la Biblia nos insta a dar con alegría y generosidad, no por obligación o tristeza (2 Corintios 9:7-8). Algunos dan por presión o miedo, no siguiendo el principio bíblico.

2. Podemos dar con fe (2 Corintios 8:1-7). La iglesia de Macedonia es un ejemplo de dar con fe, a pesar de enfrentar tribulaciones y pobreza.

Dar con fe implica preguntarle a Dios: ¿Qué quieres dar a través de mí? ¿Cuánto quieres que confíe en ti en esto? Es confiar en Dios en el acto de dar, reconociendo que Él es la fuente de todo. En Hebreos 11:4, se destaca que la ofrenda de Abel fue aprobada por Dios no por la cantidad, sino por la actitud de fe y amor hacia Dios. La fe en el acto de dar significa dar de antemano, como plantar una semilla y esperar la cosecha, sin necesidad de recordatorios, ya que quienes dan por fe buscan oportunidades para hacerlo.

## LA FE PERSISTE CUANDO OTROS SE QUIEREN DAR POR VENCIDOS

La fe no sabe rendirse. Sobre Moisés leemos:

*"Por la fe dejó a Egipto, no temiendo la ira del rey; porque se sostuvo como viendo al Invisible"* (Hebreos 11:27).

La fe tiene la capacidad de perseverar incluso cuando parece que no hay razón para hacerlo. Es determinante y contrasta con el enfoque de nuestra cultura, que nos insta a basar nuestras decisiones en nuestros sentimientos y estados de ánimo. Sin embargo, la verdadera clave del éxito no radica en hacer lo que nos apetece, sino en emprender acciones que la mayoría evita. Implica estar dispuestos a hacer lo que otros no están dispuestos a hacer.

Comparativamente, los atletas no se convierten en expertos en sus disciplinas solo cuando les apetece. Así como desarrollan sus músculos, convertirse en maestro requiere entrenamiento constante, no a conveniencia. De manera similar, la fe no se fortalece obedeciendo a Dios solo cuando nos apetece; más bien, implica persistencia y hacer lo correcto incluso cuando queremos rendirnos.

En el ejemplo de Moisés, vemos cómo se mantuvo firme en su propósito, como si estuviera viendo al Dios invisible. Este enfoque en la perseverancia y la obediencia, incluso cuando la tentación de rendirse es fuerte, es fundamental para el desarrollo de una fe firme.

## LA FE CONFÍA POR ADELANTADO

Los hombres de fe saludaron de lejos y confesaron lo que aún no habían recibido, según se menciona en Hebreos 11:9-10. La bienaventuranza se atribuye al hombre que confía en Jehová, sin dejarse influenciar por la arrogancia ni las mentiras.

A través de la fe, estos hombres murieron sin experimentar plenamente la materialización de las promesas, pero creyeron y saludaron desde lejos, reconociendo que eran parte de algo mayor. Es importante entender que Dios no siempre responde de la manera que esperamos. Aunque la respuesta puede demorar o ser diferente a lo deseado, Dios tiene varias formas de responder, ya sea de inmediato, con demora o incluso negándose si no está en su voluntad.

La oración de fe puede obtener sí como respuesta, pero también puede recibir un no, ya que la solicitud puede estar mal planteada o Dios tiene un propósito diferente. En ocasiones, la respuesta puede ser un todavía no, indicando que Dios tiene un plan mejor y conoce lo que es más beneficioso para nosotros. Es esencial comprender que Dios no es una máquina, y aunque promete suplir nuestras necesidades, no siempre satisface nuestras codicias. La fe implica confiar en la sabiduría de Dios, incluso cuando la respuesta no es inmediata o no se alinea con nuestras expectativas.

En ocasiones, Dios nos insta a confiar en lo que es mejor para nosotros (2 Corintios 13:7), ya que su interés principal radica en nuestro carácter. Él busca fortaleza, madurez y habilidad para enfrentar las circunstancias, incluso si algunos no ven cumplidas sus promesas a lo largo de sus vidas (Hebreos 11:13, 11:33-38). Dios no está limitado por el tiempo y tiene toda la eternidad para cumplir sus promesas.

La fe implica creer en la victoria por adelantado, como se evidencia en 2 Crónicas 20:20-22. Josafat, al enfrentarse a un desafío, alentó a Judá y a los habitantes de Jerusalén a confiar en Jehová para estar seguros. Después de recibir consejo del pueblo, designó a algunos para cantar y alabar a Jehová mientras salía el ejército. La obediencia a este acto de fe resultó en una intervención divina, donde los enemigos se confundieron y se atacaron mutuamente, revelando la fidelidad y misericordia de Dios.

## LA FE NOS IMPULSA A DAR LO MEJOR A DIOS

Aquellos que tienen fe en Dios buscan darle solo lo mejor:

*"Por la fe Abel ofreció a Dios más excelente sacrificio que Caín, por lo cual alcanzó testimonio de que era justo, dando Dios testimonio de sus ofrendas; y muerto, aun habla por ella"* (Hebreos 11:4).

Honrar a Dios se manifiesta de diversas formas, y ejemplos bíblicos resaltan la importancia de ofrecer lo mejor. Abel, por su fe, presentó un sacrificio más excelente que Caín, reconociendo que Dios era su prioridad y obteniendo testimonio de su justicia incluso después de su muerte. Al tener a Dios como Señor, honramos con lo mejor de nuestra vida: nuestro tiempo, nuestras ofrendas y más, encontrando riquezas en nuestra entrega, incluso en la pobreza.

El rey David, en 2 Samuel 24:24, declaró su compromiso al comprar una era (un terreno circular normalmente empedrado) y bueyes por un precio, negándose a ofrecer a Jehová sacrificios que no le costaran nada. Para David, Dios ocupaba el lugar más importante, siendo lo más precioso y amado en su vida.

El relato de María en ungir los pies de Jesús con perfume de gran valor destaca otra expresión de honor. A pesar de la crítica de Judas, María ofreció este preciado perfume como muestra de su amor y devoción, llenando la casa con su fragancia. Cada uno de estos actos ilustra la idea de que honrar a Dios implica ofrecer lo mejor, con sacrificio y amor genuino.

## LA FE CREE AUN FUERA DE TIEMPO

La verdadera fe no limita a Dios en el tiempo ni le impone una agenda:

*"Por la fe también la misma Sara, siendo estéril, recibió fuerza para concebir; y dio a luz aun fuera del tiempo de la edad, porque creyó que era fiel quien lo había prometido"* (Hebreos 11:11).

Sara no estaba en el tiempo humano cuando dio a luz a Isaac; estaba en el tiempo de Dios. Al sumergirse en el tiempo divino, Sara demostró que el tiempo de Dios es un tiempo de fe. Dios, que no está limitado por el espacio ni el tiempo, opera en su propio ritmo. Aunque para Sara concebir parecía imposible debido a su avanzada edad, en el tiempo de Dios no existen límites ni restricciones. La verdadera fe nos lleva a implorar a Dios ayuda para obedecer incluso cuando no se comprende, creer aun en la ausencia de evidencia visible, dar generosamente incluso en escasez, perseverar cuando la tentación de rendirse es fuerte, anticipar con gratitud antes de recibir y confiar plenamente en Dios.

## CÓMO OBTENER EL PREMIO DE LA FE

¿Cómo obtenemos el premio de la fe? La historia de David y Goliat nos ayuda a entender cómo los hombres de fe se enfrentan a los grandes desafíos de la fe:

*"Añadió David: Jehová, que me ha librado de las garras del león y de las garras del oso, él también me librará de la mano de este filisteo. Y dijo Saúl a David: Ve, y Jehová esté contigo"* (1 Samuel 17:37).

Cuando David se presentó para enfrentar al gigante, no fue casualidad que en el momento en que él llega a ver a sus hermanos, el paladín llamado Goliat se presentara nuevamente para desafiar a Israel, repitiendo las mismas palabras que había estado pronunciando durante cuarenta días. Lo interesante aquí fue que David escuchó las palabras del gigante y, como hombre de fe, se preguntó qué le darían al hombre que venciera a ese gigante. Un hombre de fe, al escuchar palabras en contra de su Dios, se siente impulsado a defender los principios que ha aprendido.

¿Por qué los israelitas estaban escondidos? Por temor al gigante. Pero Dios tenía un gigante aún mayor, un gigante en la fe, que ya había sido preparado para ese momento. David no toleró las palabras mal dichas en contra del verdadero Dios. Así son los gigantes en la fe; no soportan ser desafiados con palabras que van en contra de la palabra de Dios. Se levantan y se determinan a conquistar y vencer.

## LOS HOMBRES DE FE NO SIEMPRE RECIBEN SU PREMIO DE INMEDIATO, PERO A SU TIEMPO DIOS LOS HONRARÁ

*"Y David dijo a Ahimelec: ¿No tienes aquí a mano lanza o espada? Porque no tomé en mi mano mi espada ni mis armas, por cuanto la orden del rey era apremiante. Y el sacerdote respondió: La espada de Goliat el filisteo, al que tú venciste en el valle de Ela, está aquí envuelta en un velo detrás del efod; si quieres tomarla, tómala; porque aquí no hay otra sino esa. Y dijo David: Ninguna como ella; dámela"* (1 Samuel 21:8-10).

Ahimelec, el sacerdote, escondió a David en el tabernáculo y le entregó la espada de Goliat. Es curioso notar que David no se quedó con ella tras derrotar al gigante. Él no sabía cómo usarla en ese momento. La espada simboliza mi vida, mi premio, mi capacidad y la unción que nadie puede arrebatarme.

Los premios de Dios no llegan instantáneamente, ya que Él evalúa nuestra capacidad para manejar la gloria y la unción. A menudo, nos preguntamos por nuestro premio, pero Dios lo guarda hasta que estemos preparados.

Dios, en su sabiduría, sabe cuándo estamos listos y ha protegido nuestra vida en momentos críticos, enviando ángeles para librarnos de situaciones adversas.

El premio fue otorgado a David 15 años después que venció al gigante (1 Samuel 17:49-40). ¿Cuál era el premio de la victoria de David? Era la espada del gigante, que pesaba aproximadamente 49 kilos, más de 98 libras. Manejar una espada tan pesada no es tarea fácil y requiere preparación.

Aunque David había derrotado al gigante, no estaba listo para manejar el premio debido a su peso significativo. Esto refleja la realidad de que algunas personas, al acercarse a Cristo, creen que pueden asumir autoridad sin preparación.

A veces, aunque se tiene la unción de Dios y habilidades, falta la preparación necesaria. Dios levanta personas para preparar a aquellos que han obtenido victorias, pero necesitan fortalecerse espiritualmente para manejar los premios que les esperan. David necesitaba prepararse para manejar la espada, desarrollando músculos espirituales adecuados para recibir el premio de su fe. Muchas veces, las recompensas y victorias que has alcanzado aún no se han manifestado, pero Dios tiene un tiempo y un momento específico para otorgarte el premio cuando estés listo para manejarlo. ¿Estás listo tú para recibir tu premio?

## LOS DESAFÍOS DE LA FE NUNCA VIENEN MAYORES QUE TU NIVEL DE FE

*"Entonces, mientras hablaba con ellos, he aquí aquel paladín que se llamaba Goliat, el filisteo de Gat, salió del ejército de los filisteos y repitió las mismas palabras, las cuales oyó David"* (1 Samuel 17:23).

El gigante que enfrentarás nunca vendrá en una talla menor que tu estatura espiritual ni tu autoridad. Aunque David era pequeño ante los hombres, en lo espiritual, era un gigante. En el mundo espiritual, la perspectiva es diferente. En el mundo espiritual tu gigante nunca se presenta menor que la estatura que tú representas.

No deberías decir: "Oren por mí porque el problema es muy grande...". No, el problema es de tu propia estatura. Es a tu medida de fe, quien lucha contra ti. Aunque David era pequeño ante la grandeza del problema, nosotros a menudo nos volvemos pequeños frente a la magnitud de nuestros desafíos. Hablamos diciendo: "Tengo un gran problema, ayúdenme", pero en realidad, el problema es de la misma estatura porque el diablo se enfrenta a ti de acuerdo con tu grandeza espiritual. Él se reúne con sus emisarios y les dice: "no vayan con desafíos pequeños; para enfrentarlos, tienen que ser grandes, ya que él es grande en el mundo espiritual". Ustedes deben presentarle un gran problema para que piense que está lidiando con algo pequeño, pero él no sabe que eres grande en el mundo espiritual.

Hermano y hermana: no tienes un gran problema, sino un problema a la medida de tu estatura espiritual. Esto es lo primero que debes comprender. Si enfrentas un desafío grande, no te disminuyas diciendo que no puedes, que no alcanzarás, que no podrás. Di conmigo, hermano, "Tengo un problema de la misma medida de mi fe". Nunca guerrearás contra el diablo en un nivel menor; él buscará alguien de tu misma talla. Si David era un gigante, no podía luchar contra un simple soldadito; tenía que enfrentarse a alguien igualmente gigante.

## LOS HOMBRES DE FE NUNCA MIRAN LOS PROBLEMAS COMO TODOS LOS DEMÁS LOS MIRAN

El hombre de fe no ve las cosas como las ven los del mundo:

*"Y cada uno de los de Israel decía: ¿No habéis visto aquel hombre que ha salido? Él se adelanta para provocar a Israel. Al que le venciere, el rey le enriquecerá con grandes riquezas, y le dará su hija, y eximirá de tributos a la casa de su padre en Israel"* (1 Samuel 17:25).

*"Salió entonces del campamento de los filisteos un paladín, el cual se llamaba Goliat, de Gat, y tenía de altura seis codos y un palmo. Y traía un casco de bronce en su cabeza, y llevaba una cota de malla; y era el peso de la cota cinco mil siclos de bronce. Sobre sus piernas traía grebas de bronce, y jabalina de bronce*

*entre sus hombros. El asta de su lanza era como un rodillo de telar, y tenía el hierro de su lanza seiscientos siclos de hierro; e iba su escudero delante de él. Y se paró y dio voces a los escuadrones de Israel, diciéndoles: ¿Para qué os habéis puesto en orden de batalla? ¿No soy yo el filisteo, y vosotros los siervos de Saúl? Escoged de entre vosotros un hombre que venga contra mí. Si él pudiere pelear conmigo, y me venciere, nosotros seremos vuestros siervos; y si yo pudiere más que él, y lo venciere, vosotros seréis nuestros siervos y nos serviréis. Y añadió el filisteo: Hoy yo he desafiado al campamento de Israel; dadme un hombre que pelee conmigo"* (1 Samuel 17: 4-10).

Todos los presentes estaban atemorizados ante la presencia del gigante que salía de las filas de los filisteos para intimidar al pueblo de Israel. Sin embargo, David se destacó al no mirar al gigante de la misma manera que los demás. Mientras algunos se enfocaban en detalles como el casco, la coraza, las piernas, la lanza, los pies o la altura, David centró su atención en el lugar donde impactaría la piedra: la gran frente del gigante. David no solo vio el problema, sino que identificó el objetivo y se concentró en él.

Esta perspectiva única resalta la importancia de mirar más allá de las apariencias y ver las oportunidades en medio de los desafíos. David no se dejó llevar por el temor general y, en cambio, se enfocó en la solución. La lección aquí es que, al enfrentar situaciones adversas, es crucial ver el objetivo, destacar lo positivo y encontrar soluciones creativas. Como individuos seleccionados para cosas grandes, debemos adoptar una mirada diferente, hablar un lenguaje de fe y buscar soluciones para cada problema.

## LOS HOMBRES DE FE NUNCA SE VISTEN CON LA ROPA QUE NO LES PERTENECE

Una persona de fe no enfrenta sus batallas con la vestidura (los métodos y estrategias) del mundo, sino a la manera de Dios:

*"Y Saúl vistió a David con sus ropas, y puso sobre su cabeza un casco de bronce, y le armó de coraza. Y ciñó David su espada sobre sus vestidos, y probó a andar, porque nunca había hecho la prueba. Y dijo David a Saúl: Yo no puedo andar con esto, porque nunca lo practiqué. Y David echó de sí aquellas cosas. Y tomó su cayado en su mano, y escogió cinco piedras lisas del arroyo, y las puso en el saco pastoril, en el zurrón que traía, y tomó su honda en su mano, y se fue hacia el filisteo"* (1 Samuel 17:38-39).

Cuando David se presentó ante Saúl, este lo entrevistó y le preguntó acerca de su testimonio. La respuesta de David fue contundente: había matado leones y osos, y se consideraba un vencedor. Su currículo estaba marcado por la gloria y la victoria, y no necesitaba la aprobación de los demás para validar su valía. David estaba convencido de que lo que hacía era suficiente como testimonio de su capacidad.

En la experiencia de David, incluso sus propios hermanos dudaron de él cuando apareció en el campo de batalla. Sin embargo, David no esperó la aprobación de los demás; más bien, se centró en defender el reino de Dios. La lección aquí es que uno debe creer primero en sí mismo antes de buscar la aceptación de los demás. A veces, la gente se alejará de ti, pero cuando logras la victoria, vendrán a ti. La lucha de David no era solo personal; estaba defendiendo el reino de Dios, una tarea seria en su vida.

Este relato resalta la importancia de creer en uno mismo y en el propósito divino, sin depender de la aprobación externa. Los desafíos de Dios comienzan con la convicción interna y la confianza en el poder del Espíritu Santo que reside en cada individuo.

¡No te pongas ropa que no te pertenece!; cada individuo tiene sus propias experiencias. Las vivencias ajenas no te permitirán vencer al enemigo. Saúl intentó vestir a David con sus propias ropas, pero, aunque Saúl fuera alto físicamente, era pequeño espiritualmente. David, por otro lado, había vencido a leones y osos, y confiaba en la armadura de Dios. Optó por su honda y las piedras lisas del arroyo en lugar de la pesada armadura de Saúl.

La lección que se extrae es clara: no temas equivocarte en el primer intento, ya que puede ser algo profético. La preparación previa a la batalla es esencial, y David nos brinda un ejemplo al vencer al primer gigante.

## LOS HOMBRES DE FE UTILIZAN LAS ARMAS QUE DIOS LES HA PROVISTO

Las armas de David fueron singulares. No peleó sus batallas con las armas que el mundo le imponía:

*"Y tomó su cayado en su mano, y escogió cinco piedras lisas del arroyo, y las puso en el saco pastoril, en el zurrón que traía, y tomó su honda en su mano, y se fue hacia el filisteo. Y el filisteo venía andando y acercándose a David, y su escudero delante de él. Y cuando el filisteo miró y vio a David, le tuvo en poco; porque*

*era muchacho, y rubio, y de hermoso parecer. Y dijo el filisteo a David: ¿Soy yo perro, para que vengas a mí con palos? Y maldijo a David por sus dioses. Dijo luego el filisteo a David: Ven a mí, y daré tu carne a las aves del cielo y a las bestias del campo. Entonces dijo David al filisteo: Tú vienes a mí con espada y lanza y jabalina; mas yo vengo a ti en el nombre de Jehová de los ejércitos, el Dios de los escuadrones de Israel, a quien tú has provocado"* (1 Samuel 17:40-46).

Las armas que estás acostumbrado a usar, las que Dios te ha provisto, son las más importantes. Aunque muchos intenten persuadirte de que sigas su método, tú debes confiar en tu propia experiencia, habilidades, talentos y dones que Dios te ha otorgado, utilizándolos para su gloria, ya que tu unción es algo que nadie puede arrebatarte.

Aprende a emplear bien esas habilidades que Dios te ha dado. Aunque puedan parecer insignificantes para algunos, úsalas para vencer a los gigantes, confiando en que Dios te ayudará en la batalla. Hay algo que sabes hacer como nadie más, así que utilízalo para la gloria de Dios, convirtiendo las dificultades de la vida en algo especial para Él. No te menosprecies frente a los demás; David, siendo pastor de ovejas, no había utilizado una espada antes, pero confiaba en su habilidad para el canto, la honda, el arpa y la palabra.

Utiliza la Palabra de Dios como tu arma, como hizo David antes de enfrentarse al gigante Goliat (1 Samuel 17:45-47). La Palabra de Dios tiene el poder de atemorizar al enemigo, y al profetizarla, puedes estar seguro de que nunca regresará vacía. David, antes del enfrentamiento, ya había vencido al gigante al atemorizarlo con la Palabra de Dios.

Además, utiliza tus propias experiencias para fortalecerte. Cuando Saúl dudó de la capacidad de David para enfrentarse al filisteo, David compartió sus experiencias como pastor, explicando cómo había enfrentado y vencido a leones y osos para proteger las ovejas de su padre.

*David confiaba en que, de la misma manera que Dios lo había librado de las garras del león y del oso, también lo liberaría de la mano del filisteo. Ante las dudas de Saúl, David afirmó su confianza en Dios y se dispuso a enfrentar al gigante, con la certeza de que Jehová estaría con él.*

CAPÍTULO

**CINCO**

# CÓMO ENTRAR EN LA DIMENSIÓN DE LA **FE**

¿Cómo alcanzar la dimensión de la fe? La palabra "fe" aparece 32 veces en el libro de Hebreos, destacándose especialmente en el capítulo 11, que se conoce como el capítulo de los héroes de la fe. El autor de la carta a los Hebreos nos cuenta que *"Por la fe entendemos haber sido constituido el universo por la palabra de Dios, de modo que lo que se ve fue hecho de lo que no se veía"* (Hebreos 11:3).

Jesús mismo recalcó la importancia de la fe:

*"Llegando sus discípulos al otro lado, se habían olvidado de traer pan. Y Jesús les dijo: Mirad, guardaos de la levadura de los fariseos y de los saduceos. Ellos pensaban dentro de sí, diciendo: Esto dice porque no trajimos pan. Y entendiéndolo Jesús, les dijo: ¿Por qué pensáis dentro de vosotros, hombres de poca fe, que no tenéis pan? ¿No entendéis aún, ni os acordáis de los cinco panes entre cinco mil hombres, y cuántas cestas recogisteis? ¿Ni de los siete panes entre cuatro mil, y cuántas canastas recogisteis? ¿Cómo es que no entendéis que no fue por el pan que os dije que os guardaseis de la levadura de los fariseos y de los saduceos? Entonces entendieron que no les había dicho que se guardasen de la levadura del pan, sino de la doctrina de los fariseos y de los saduceos"* (Mateo 16:5-12).

Ilustremos el principio de la fe a través de una historia:

Una niña pidió a su padre una casa para sus muñecas, y él aceptó. La niña comenzó a recoger sus muñecas y juguetes, amontonándolos en el jardín. Cuando el padre preguntó a su esposa qué estaba haciendo la niña, ella respondió: "Tú le prometiste construirle una casa para sus juguetes, y ella creyó en tu palabra". El padre salió a comprar la madera y todo lo necesario para construir la casa. Así es la fe: creer en la palabra de Dios, que no miente.

Para alcanzar la dimensión de la fe, es crucial comprender las leyes que la rigen. La fe tiene sus propias leyes para operar y desatar aquello que anhelamos. A menudo, nos enfrentamos a preguntas sobre la fe, buscando definirla como la moneda de Dios. La Biblia aclara que la fe es *"la certeza de lo que se espera, la convicción de lo que no se ve"* (Hebreos 11:1).

La fe nos impulsa a salir del plano natural para adentrarnos en el estado espiritual. Dios desea que nos sumerjamos en la dimensión de la fe, pues a través de ella, podemos lograr milagros, victorias, hazañas y obras grandiosas. Es esencial comprender algunos aspectos clave de la fe, ya que no se rige por el intelecto, la lógica o el sentir. La fe nos permite entender que el universo fue constituido por la palabra de Dios, creando lo visible a partir de lo invisible.

## LO QUE LA FE NO ES

La fe no se rige por el intelecto ni la razón. Mientras la ciencia y el hombre natural utilizan la razón, la fe trasciende este enfoque. La fe no se basa en los sentimientos ni en el alma; está más vinculada al espíritu de Dios y al espíritu del hombre. Se trata de percibir en el espíritu lo que Dios nos revela espiritualmente, evitando la persecución espiritual de la levadura farisea y herodiana.

La fe tampoco se fundamenta en lo que se ve, ya que cuando algo es evidente, ya no es fe; la fe radica en la certeza de poseerlo, incluso antes de que se manifieste. La fe va más allá de los cinco sentidos, siendo más real que el gusto, el tacto, el olfato y la vista. Es un componente espiritual que se comunica con lo espiritual, y no reside en el alma. Dado que eres un ser espiritual, conectarte con lo espiritual es fundamental.

La Biblia nos enseña que sin fe es imposible agradar a Dios, y por medio de la fe entendemos el origen del mundo y las eras. En el Salmo 33:6 se declara: *"Por la palabra de Jehová fueron hechos los cielos, y todo el ejército de ellos por el aliento de su boca".* Dicho versículo resalta cómo la fe está intrínsecamente vinculada a la creación divina. La fe es fundamental para entender los misterios divinos.

## CÓMO ENTRAR Y ALCANZAR LA DIMENSIÓN DE LA FE

Las leyes de la fe son similares a las leyes naturales; al igual que la ley de la gravedad te atraerá hacia abajo si te aventuras desde un edificio, las leyes espirituales de la fe también operan de manera específica. Para que las leyes de la fe se activen, es esencial dar el primer paso y declarar movimiento en la Palabra de Dios. La fe se pone en acción cuando das ese paso inicial, ya que conocer la teoría es diferente de actuar con fe.

La pasividad no produce resultados; es necesario salir y enfrentarse a las situaciones como lo hicieron en 2 Crónicas 20:16, donde se insta a desenredar el problema y presenciar la salvación de Jehová. El texto también destaca que no se trata de evitar el enfrentamiento, sino de salir y enfrentar la batalla, ya que, como se indica en 2 Crónicas 20:17, al dar el primer paso, se abre el camino para que Dios intervenga.

Es fundamental tener claridad en tus objetivos y visiones. La fe, como se menciona, es la sustancia de las cosas que se esperan, y para recibir las bendiciones de Dios, es necesario ser claro en tus metas. Dios le dio a Salomón la oportunidad de pedir lo que quisiera, destacando la importancia de saber lo que quieres y tener metas definidas. La falta de claridad en los deseos puede llevar a mentes distorsionadas que no saben cómo pedir.

Saber lo que realmente se quiere te define y te impulsa a desearlo con fervor. Este enfoque concreto es esencial, ya que tarde o temprano se presentará la oportunidad de que Dios pregunte: "¿Qué quieres que haga por ti?". En estos momentos, tener metas bien definidas, como se evidencia en la respuesta del ciego Bartimeo, desata un gran poder de milagros mediante la fe.

Es esencial cultivar un deseo ferviente por lo que se quiere. Proverbios 10:24 destaca que a los justos se les dará lo que desean, enfatizando la importancia de tener un vivo deseo en el corazón. La consistencia en los deseos es clave, ya que cambiar constantemente las peticiones puede generar confusión. Salmo 37:4, Salmo 145:18-19 y Salmo 21:2 resaltan la idea de un deseo ardiente. En el contexto griego, la "sustancia" (Hipóstasis) implica tener un papel legal, similar a un recibo que respalda una compra.

La visualización es un componente crucial de la fe, como se ejemplifica en Génesis 13:14-18 cuando Jehová insta a Abraham a alzar sus ojos y contemplar la tierra que se le dará. La fe incluye una visión clara de lo que se desea, una experiencia que Abraham vivió cuando Dios le mostró las estrellas del firmamento. Este proceso requiere oración constante hasta obtener la sustancia o seguridad deseada, y el momento de orar depende de la fe de cada individuo.

Afrontar la dificultad de permitir que Dios actúe según Su voluntad es uno de nuestros mayores desafíos: someternos al señorío divino. A menudo, fallamos al intervenir y tratar de ayudar a Dios, a pesar de Su instrucción de quedarnos quietos y confiar en Su mano. Dios siempre indicará lo que debemos hacer, y el resto debemos confiárselo. Lo imposible pertenece a Dios, y aunque podemos llenar tinajas de agua, contar con cinco panes y dos pececillos, llegar al Siloé, y pedir vasijas prestadas, la verdadera rendición ocurre cuando permitimos que Dios actúe a su manera.

Escuchar la palabra rhema y ponerla en acción es esencial. Recordamos la historia de Lucas 5:4-5, donde, después de una noche de pesca infructuosa, Jesús insta a echar las redes nuevamente. La respuesta de Simón es un acto de fe: "Maestro, hemos estado trabajando toda la noche y no hemos pescado nada; pero en tu palabra, echaré la red". La Palabra se vuelve tangible cuando la activamos, y este proceso de activación es nuestra responsabilidad.

*"A sí que la fe es por el oír y el oír por la palabra de Dios"* (Romanos 10:17).

*"Cuando terminó de hablar, dijo a Simón: Boga mar adentro y echad vuestras redes para pescar. Respondiendo Simón, le dijo: Maestro, toda la noche hemos estado trabajando, y nada hemos pescado; más en tu palabra echare la red"* (Lucas 5:4-5).

La palabra rhema de Dios es aquella que Él te proporciona en cualquier situación. Es la misma palabra que afirma: *"No solo de pan vivirá el hombre, sino de toda palabra que sale de la boca de Dios"* (Mateo 4:4). Cuando llega el rhema, las montañas se mueven. Un ejemplo de esto es cuando Pedro le dijo al Señor: *"Si eres tú, mándame ir hacia ti"*, y el Señor le respondió: *"Ven, Pedro"*. Este es un claro ejemplo de la palabra rhema de Dios, una dirección específica dada para un momento particular y un milagro específico. En este momento crucial, Dios espera que creamos y actuemos en la palabra rhema, la palabra específica que Él nos da para una ocasión particular (Mateo 14:25-28).

Durante la cuarta vigilia de la noche, Jesús caminó sobre el mar, lo que inicialmente asustó a los discípulos. Sin embargo, Jesús les habló, diciendo: *"¡Tened ánimo; yo soy, ¡no temáis!"*. Ante esta revelación, Pedro, desafiando lo imposible, le respondió: *"Señor, si eres tú, manda que yo vaya a ti sobre las aguas"*. La respuesta de Jesús fue un claro *"Ven"*, y Pedro, confiando en la palabra dada, descendió de la barca y caminó sobre las aguas hacia Jesús.

Este episodio ilustra cómo la fe en la palabra específica de Dios puede llevar a realizar lo extraordinario. Recordemos la transformación de los nombres de Abraham y Sara, quienes inicialmente dudaron pero finalmente experimentaron el cumplimiento de las promesas divinas, incluso cuando el mundo se burlaba de ellos.

Hacer mi parte implica activar la palabra rhema, respondiendo al llamado divino como Pedro lo hizo cuando pidió al Señor que le mandara caminar sobre las aguas, y la respuesta fue un claro *"Ven, Pedro"*. En este punto, Dios espera que creamos y actuemos conforme a la palabra específica que Él nos da para una ocasión particular. Hacer nuestra parte implica buscar vasijas, tender la vara, recostar a la gente y realizar las acciones indicadas por Dios. Hacer nuestra parte es una respuesta activa y específica a la palabra de Dios.

Dios utiliza una palabra del logos para activar el rhema, y cuando confesamos esa palabra, la fe se despierta. La fe tiene la imagen de lo que estamos esperando, y nuestras confesiones reflejan esa fe. Afirmaciones como “No moriré, sino que viviré y contaré las maravillas del Señor”, crean la realidad que esperamos. Frente a la adversidad, declaramos que la miseria es pasajera y no nuestra realidad; nos levantamos de la racha negativa. Nuestro trabajo no es simplemente conocer la verdad, sino creerla y vivir por fe. Así como dice Habacuc 2:4, el justo vive por su fe, confiando en la promesa de Dios y declarando su rectitud.

## REQUISITOS PARA ENTRAR EN LA DIMENSIÓN DE LA FE

*“Pero Jehová había dicho a Abram: Vete de tu tierra y de tu parentela, y de la casa de tu padre, a la tierra que te mostraré. Y haré de ti una nación grande, y te bendeciré, y engrandeceré tu nombre, y serás bendición. Bendeciré a los que te bendijeren, y a los que te maldijeren maldeciré; y serán benditas en ti todas las familias de la tierra. Y se fue Abram, como Jehová le dijo; y Lot fue con él. Y era Abram de edad de setenta y cinco años cuando salió de Harán. Tomó, pues, Abram a Sarai su mujer, y a Lot hijo de su hermano, y todos sus bienes que habían ganado y las personas que habían adquirido en Harán, y salieron para ir a tierra de Canaán; y a tierra de Canaán llegaron. Y pasó Abram por aquella*

*tierra hasta el lugar de Siquem, hasta el encino de More; y el cananeo estaba entonces en la tierra. Y apareció Jehová a Abram, y le dijo: A tu descendencia daré esta tierra. Y edificó allí un altar a Jehová, quien le había aparecido. Luego se pasó de allí a un monte al oriente de Bet-el, y plantó su tienda, teniendo a Bet-el al occidente y Hai al oriente; y edificó allí altar a Jehová, e invocó el nombre de Jehová. Y Abram partió de allí, caminando y yendo hacia el Neguev"* (Génesis 12:1-9).

El desarrollo de nuestra fe a veces experimenta fluctuaciones, fortaleciéndose en ciertos momentos y debilitándose en otros. La vida cristiana comienza en la fe, y aunque enfrentemos altibajos, el deseo de Dios es que continuemos confiando y progresando en nuestra fe. Al convertirnos en cristianos, ingresamos a la fe, como se expresa en Efesios 2:8-9, que nos dice que somos salvos por gracia mediante la fe, un don de Dios. La justificación por la fe nos otorga paz con Dios, viviendo y caminando por fe, confiando en el Creador del universo. A pesar de nuestros errores y altibajos, a veces cuestionamos a Dios cuando las cosas no salen como queremos. En este proceso, podemos aprender lecciones de fe de personajes bíblicos, como Abraham, quien, a pesar de no tener el conocimiento y las Escrituras que tenemos hoy, recibió el llamado a caminar en fe a los 75 años. A través de diversas experiencias y desafíos, Abraham demostró la fe como la convicción de que Dios cumpliría sus promesas. Este relato nos invita a la escuela de la fe, recordándonos que la confianza en Dios es fundamental, incluso cuando enfrentamos momentos de duda o desobediencia:

*"Aunque la higuera no florezca, ni en las vides haya frutos, aunque falte el producto del olivo, y los labrados no den man-*

*tenimiento, y las ovejas sean quitadas de la majada, y no haya vacas en los corrales; con todo, yo me alegraré en Jehová, y me gozaré en el Dios de mi salvación. Jehová el Señor es mi fortaleza"* (Habacuc 3:17-20).

*"Después de recibir la promesa, no se debilitó en la fe al considerar su cuerpo, que estaba ya como muerto (siendo de casi cien años), o la esterilidad de la matriz de Sara. Tampoco dudó, por incredulidad, de la promesa de Dios, sino que se fortaleció en fe, dando gloria a Dios, plenamente convencido de que era también poderoso para hacer todo lo que había prometido"* (Romanos 4: 19-21).

La Palabra fue expresada de la siguiente manera: *"De cierto te bendeciré, y multiplicaré tu descendencia como las estrellas del cielo y como la arena que está a la orilla del mar; y tu descendencia poseerá las puertas de sus enemigos".* (Génesis 22:17). Luego de que Lot se separara de Abraham, el Señor le dijo a este último: *"Alza ahora los ojos y mira desde el lugar donde estás hacia el norte, el sur, el oriente y el occidente. Te mostraré la tierra adonde quiero que vayas, la tierra que será tuya. Serás un hombre grande en fe. Haré de ti una nación grande. Te bendeciré y bendeciré a los que te bendijeren, y a los que te maldijeren maldeciré. Serán benditas en ti todas las familias de la tierra"* (Génesis 13:14-15).

## DEBEMOS APRENDER A ESCUCHAR A DIOS

En la vida debemos aprender a escuchar la voz de Dios y obedecerla:

*"Pero Jehová había dicho a Abram: Vete de tu tierra y de tu parentela, y de la casa de tu padre, a la tierra que te mostraré. Y haré de ti una nación grande, y te bendeciré, y engrandeceré tu nombre, y serás bendición. Bendeciré a los que te bendijeren, y a los que te maldijeren maldeciré; y serán benditas en ti todas las familias de la tierra. Y se fue Abram, como Jehová le dijo; y Lot fue con él. Y era Abram de edad de setenta y cinco años cuando salió de Harán. Tomó, pues, Abram a Sarai su mujer, y a Lot hijo de su hermano, y todos sus bienes que habían ganado y las personas que habían adquirido en Harán, y salieron para ir a tierra de Canaán; y a tierra de Canaán llegaron"* (Génesis 12:1-5).

La importancia de aprender a escuchar a Dios es fundamental en nuestra vida de fe. Sin esta habilidad, es probable que cometamos errores y nos desviemos del propósito divino. No saber escuchar a Dios nos deja en la incertidumbre sobre la dirección que debemos tomar, dificultándonos discernir su voz entre las múltiples opciones. Aunque vivamos en una era en la que la revelación divina se encuentra principalmente en su Palabra, Dios sigue hablando individualmente a cada uno de nosotros.

Es crucial distinguir entre las voces que nos rodean y la voz clara de Dios, evitando caer en interpretaciones erróneas. Cuando Dios se comunica, lo hace de manera inequívoca y acompaña sus palabras con paz. La obediencia y la escucha van de la mano; no podemos afirmar que escuchamos a Dios si no estamos dispuestos a obedecer. Para vivir en fe, es esencial desarrollar la capacidad de discernir las intervenciones y correcciones divinas, los consejos oportunos y los desafíos que se presentan en nuestro camino.

## DEBEMOS APRENDER A OBEDECER A DIOS

Saber escuchar no es suficiente. Es necesario aprender a obedecer. Fijémonos en la historia de Abraham:

*"Hubo entonces hambre en la tierra, y descendió Abram a Egipto para morar allá; porque era grande el hambre en la tierra. Y aconteció que cuando estaba para entrar en Egipto, dijo a Sarai su mujer: He aquí, ahora conozco que eres mujer de hermoso aspecto; y cuando te vean los egipcios, dirán: Su mujer es; y me matarán a mí, y a ti te reservarán la vida. Ahora, pues, di que eres mi hermana, para que me vaya bien por causa tuya, y viva mi alma por causa de ti"* (Génesis 12:10-13).

Cuando Israel está en la voluntad de Dios, se activa el reloj profético, y los períodos en que desobedece no son considerados en la cronología divina. Este principio es crucial para comprender la cronología profética:

1. Desde el período de Abraham hasta el Éxodo transcurrieron 490 años, excluyendo los 15 años en que la esclava Agar e Ismael estuvieron en la tienda de Abraham.

2. Del Éxodo a la dedicación del Templo de Salomón se registraron 490 años, pero los 131 años de cautiverio en la época de los jueces no son tenidos en cuenta.

3. Desde la dedicación del templo hasta el regreso de Babilonia también abarcaron 490 años, sin incluir los 70 años de cautividad, ya que Israel se encontraba fuera de la voluntad divina en ese período. Este principio destaca la importancia de la obediencia de Israel para que el reloj profético de Dios esté en marcha.

4. Desde el regreso de la cautividad hasta el inicio de la Edad Mesiánica, transcurrieron 490 años. Luego, con el rechazo del Mesías, vino la dispensación de la gracia, durante la cual Israel se encuentra disperso y no se incluyen en el cómputo. Al concluir los tiempos de los gentiles, comenzará el tiempo de los siete años para Israel. Mientras tanto el reloj se ha detenido.

La obediencia a Dios no garantiza la ausencia de pruebas y problemas serios. Abraham enfrentó desafíos apenas llegó a su tierra. En estas situaciones, los creyentes deben perseverar en la obediencia y confiar en Dios.

La lección sobre cómo obedecer se aprende a menudo a través de la desobediencia. Los errores y fracasos nos muestran las consecuencias, permitiéndonos reflexionar antes de desobedecer nuevamente. Dios nos guía en el proceso de aprendizaje, mostrándonos lo que desea que hagamos. Al obedecer, como en el caso de Abraham, Dios promete bendiciones y un futuro grandioso.

## APRENDER A DEPENDER DE DIOS

Otro elemento importante de la fe es aprender a depender de Dios:

*"Y Jehová dijo a Abram, después que Lot se apartó de él: Alza ahora tus ojos, y mira desde el lugar donde estás hacia el norte y el sur, y al oriente y al occidente. Porque toda la tierra que ves, la daré a ti y a tu descendencia para siempre. Y haré tu descendencia como el polvo de la tierra; que si alguno puede contar el*

*polvo de la tierra, también tu descendencia será contada. Levántate, ve por la tierra a lo largo de ella y a su ancho; porque a ti la daré. Abram, pues, removiendo su tienda, vino y moró en el encinar de Mamre, que está en Hebrón, y edificó allí altar a Jehová"* (Génesis 13:14-18).

Si realmente confiamos en Dios, estaremos dispuestos a escucharlo, obedecerlo y depender de Él. Observemos cómo Jesús se dirigía a sus discípulos. En lugar de enfatizar directamente la obediencia, les instaba a confiar en Él, a tener fe en Dios y a creer. Jesús nunca les ordenó específicamente que lo obedecieran, porque sabía que, si confiaban en Él, la obediencia sería una consecuencia natural. La confianza y la obediencia van de la mano, y Jesús siempre resaltaba la importancia de confiar en Él. En sus instrucciones a los discípulos, les decía que salieran y Él les indicaría el camino. Aunque no tenían brújula ni mapa, confiaban en la guía divina de Dios.

La razón por la cual Dios no proporcionaba más instrucciones era para enseñarle a la persona a depender de Él. A veces, anhelamos que Dios nos dé más, ya sea dinero u otras cosas. Sin embargo, una razón por la cual Dios no otorga grandes riquezas a las personas es porque podríamos perder nuestra dependencia de Él. En ocasiones, las personas, al tener un poco más, tienden a pensar que lo han logrado por sus propias capacidades. Sin embargo, si Dios retirara su mano, no tendríamos nada. Todo lo que poseemos, incluyendo empleo y otras bendiciones, es gracias a la gracia de Dios. Debemos mantener un sentido constante de dependencia en Él, esta posición nos brinda seguridad, y cuando confiamos y dependemos de Dios, Él nos cuidará y sustentará, incluso en aspectos económicos, entre otros.

Además, es esencial recordar que aquellos que se olvidan de Dios enfrentarán grandes problemas y sufrimientos. No solo debemos aprender a escuchar su voz, obedecer y depender de Dios, sino que también hay otros requisitos importantes para mantener una relación sólida con Él.

## DEBEMOS APRENDER A ESPERAR EN DIOS

Una de las cosas más difíciles en relación con la fe es aprender a esperar:

*"Después de estas cosas vino la palabra de Jehová a Abram en visión, diciendo: No temas, Abram; yo soy tu escudo, y tu galardón será sobremanera grande. Y respondió Abram: Señor Jehová, ¿qué me darás, siendo así que ando sin hijo, y el mayordomo de mi casa es ese damasceno Eliezer? Dijo también Abram: Mira que no me has dado prole, y he aquí que será mi heredero un esclavo nacido en mi casa. Luego vino a él palabra de Jehová, diciendo: No te heredará este, sino un hijo tuyo será el que te heredará. Y lo llevó fuera, y le dijo: Mira ahora los cielos, y cuenta las estrellas, si las puedes contar. Y le dijo: Así será tu descendencia. Y creyó a Jehová, y le fue contado por justicia"* (Génesis 15:1-6).

Las promesas de Dios requieren un tiempo de gestación, no se cumplen instantáneamente. Por eso, es crucial aprender a esperar. Una de las maravillosas promesas se encuentra en Isaías 64:4, donde se nos dice que Dios actúa a favor de aquellos que confían y esperan en Él. Dios nunca nos deja abandonados o desamparados; siempre nos guía y dirige hacia algo específico. La impaciencia, sin embargo, puede llevarnos a desobedecer, como vemos en Génesis 16:1-4 con la historia de Abraham.

A pesar de la promesa de un hijo, Abraham actuó con impaciencia, tratando de cumplir la promesa de Dios de una manera humana. Dios cumple sus promesas de manera sobrenatural, y a menudo, debemos esperar y confiar en Él. Dios, que está por encima del tiempo, actúa a nuestro favor cuando confiamos y esperamos en Él, nos anima a confiar en su disposición para actuar en nuestra vida, ya sea en encontrar empleo, aprender nuevas habilidades o proveer un lugar para vivir. La única forma verdadera de esperar es confiar en Dios, evitando tomar decisiones impulsivas que puedan alejarnos de sus planes.

¿Qué sucede cuando nos adelantamos? En mi experiencia, adelantarme siempre ha llevado a malos resultados. Aunque he cometido errores al adelantarme, Dios desea que aprendamos a depender, confiar y a esperar en Él. Al esperar su dirección, reconocemos su señorío sobre nuestra vida. ¿Realmente cree que Jesucristo es el Señor de su vida en su totalidad? A menudo, decimos que sí, pero es importante evaluarlo. Si, siendo Señor, Jesús le insta a esperar en algo que usted desea hacer de inmediato, adelantarse sería un acto contrario a reconocer su Señorío.

Al esperar, usted reconoce que Jesucristo es el Señor de su vida, y esto se convierte en un acto de adoración, ya que está diciendo: "Reconozco tu Señorío en mí; esperaré en lo que sea". Este principio puede prevenir muchos fracasos, como tomar decisiones equivocadas en relaciones o situaciones importantes. Personalmente, he cometido errores al adelantarme, pero he experimentado bendiciones al confiar y esperar en Dios. En resumen, la espera es un acto de reconocimiento del señorío de Jesucristo, y al seguir estos principios sencillos, experimentaremos sus bendiciones.

¡Espera, Abraham, no te adelantes! "Te ruego que te acerques a mi criada" – dijo Sara, y Abram escuchó. Cuando Dios le había prometido un hijo a Abraham porque él le había expresado su falta de heredero, Dios le dijo que nacería un hijo de él. Sin embargo, Abraham, influenciado por la sugerencia de Saraí, desobedeció y sabemos cómo terminó esa historia. En lugar de esperar en Dios, Abraham pudo haber dicho que esperaría en Él, ya que Dios le había dado una palabra que se cumpliría en su tiempo.

Este episodio nos advierte sobre la importancia de discernir y cuestionar cualquier sugerencia que recibamos. Deberíamos preguntarnos si concuerda con lo que Dios nos ha dicho. Si no coincide, no deberíamos actuar precipitadamente, ya que Dios actúa a favor de aquellos que esperan en Él, no de los que se adelantan. Lo que queremos destacar es que la desobediencia a Dios trae consecuencias. El resultado de no confiar en Él y no estar dispuesto a esperar el tiempo de Dios tiene repercusiones.

## DEBEMOS APRENDER A RECONOCER NUESTROS FRACASOS

Reconocer cuando nos equivocamos es una parte esencial en la vida de los hombres y mujeres de fe:

*"Y creció el niño, y fue destetado; e hizo Abraham gran banquete el día que fue destetado Isaac. Y vio Sara que el hijo de Agar la egipcia, el cual esta le había dado a luz a Abraham, se burlaba de su hijo Isaac. Por tanto, dijo a Abraham: Echa a esta sierva y a su hijo, porque el hijo de esta sierva no ha de heredar con Isaac*

*mi hijo. Este dicho pareció grave en gran manera a Abraham a causa de su hijo. Entonces dijo Dios a Abraham: No te parezca grave a causa del muchacho y de tu sierva; en todo lo que te dijere Sara, oye su voz, porque en Isaac te será llamada descendencia. Y también del hijo de la sierva haré una nación, porque es tu descendiente. Entonces Abraham se levantó muy de mañana, y tomó pan, y un odre de agua, y lo dio a Agar, poniéndolo sobre su hombro, y le entregó el muchacho, y la despidió. Y ella salió y anduvo errante por el desierto de Beerseba"* (Génesis 21:8-14).

Cuando aprendes a reconocer tus fracasos, comienzas a madurar en fe. Debes arrepentirte y obtener beneficios de ello. ¿Qué hubiera pasado si Abraham hubiera sacrificado a su hijo? ¿Dónde estarían todas las promesas de que todas las familias de la tierra serían benditas? No se cumplirían a través de Ismael. Sin embargo, Abraham confió en Dios. Sabía que Dios lo detendría cuando levantara el cuchillo para matar a su hijo. De lo contrario, creía que Dios lo resucitaría de entre los muertos. Por eso, fue obediente. Dios quería que Abraham se diera cuenta de su obediencia. Dios está dispuesto a confiar en ti cuando caminas en fe. La vida plena es la vida de fe, aprendiendo a depender día a día en cualquier necesidad, esperando su tiempo, y, si tropezamos y fallamos, pidiendo perdón y continuando, confiando en Él. Esa es la vida de fe.

## AMAR A DIOS SOBRE TODAS LAS COSAS

La fe genuina exige amar a Dios sobre todas las cosas, incluso más que a nuestra propia familia:

*"Aconteció después de estas cosas, que probó Dios a Abraham, y le dijo: Abraham. Y él respondió: Heme aquí. Y dijo: Toma ahora tu hijo, tu único, Isaac, a quien amas, y vete a tierra de Moriah, y ofrécelo allí en holocausto sobre uno de los montes que yo te diré. Y Abraham se levantó muy de mañana, y enalbardó su asno, y tomó consigo dos siervos suyos, y a Isaac su hijo; y cortó leña para el holocausto, y se levantó, y fue al lugar que Dios le dijo"* (Génesis 22:1-3).

*"Entonces el ángel de Jehová le dio voces desde el cielo, y dijo: Abraham, Abraham. Y él respondió: Heme aquí. Y dijo: No extiendas tu mano sobre el muchacho, ni le hagas nada; porque ya conozco que temes a Dios, por cuanto no me rehusaste tu hijo, tu único"* (Génesis 22:11-12).

La prueba que no se vence se repite. Cuando Dios pone a prueba tu fe y no logras superarla, y recurres a apoyo y ayuda terrenal en vez de la divina, la prueba se repetirá. Este un llamado a adoptar un estilo de vida obediente.

La obediencia de Abraham a la orden divina se basó en su elevado nivel de fe. Dios deseaba que Abraham comprendiera la profundidad de su obediencia. Abraham consideró tres cosas cruciales:

1. La creencia que Dios lo resucitaría después de su muerte.
2. La confianza que Dios lo detendría cuando levantara el cuchillo.
3. La certeza que Dios proveería un cordero en lugar de su hijo.

De la vida de Abraham aprendemos que caminar en fe implica aprender a escuchar a Dios, obedecer sus instrucciones, depender de su guía, esperar en su tiempo, reconocer nuestros fracasos y errores, y, finalmente, regresar a la obediencia. Este proceso continuo de escucha, obediencia, dependencia y corrección forma parte fundamental de una vida de fe.

## LA UNIDAD EL COMÚN ACUERDO, UNA CLAVE MÁS PARA ACTIVAR EL PODER DE LA FE

La unidad activa el poder de la fe:

*"De cierto os digo que todo lo que atéis en la tierra, será atado en el cielo; y todo lo que desatéis en la tierra, será desatado en el cielo. Otra vez os digo, que, si dos de vosotros se pusieren de acuerdo en la tierra acerca de cualquiera cosa que pidieren, les será hecho por mi Padre que está en los cielos. Porque donde están dos o tres congregados en mi nombre, allí estoy yo en medio de ellos. Como activar la fe" (Mateo 18:18-19).*

¿Notas lo importante que es estar de acuerdo con nuestros hermanos en la fe? Para que opere el poder del acuerdo, es necesario contar con personas de fe que se unan en común acuerdo para activar la intervención divina en todo lo que pidamos al Padre en el nombre de Jesús. El acuerdo se presenta como una ley que opera a favor de aquellos que la ponen en práctica. La palabra del acuerdo sigue un principio que tiene aplicación tanto en el sentido literal como en el espiritual.

Esta ley del acuerdo puede manifestarse en dos direcciones, ya sea para el bien o para el mal, por lo que ponerse de acuerdo puede tener efectos en ambas direcciones.

## LO QUE SUCEDE CUANDO DOS O TRES SE UNEN CON UN SOLO PROPÓSITO

Existe un poder significativo en la unidad y en la ley del común acuerdo. El diablo comprende bien cómo opera esta ley. Un ejemplo de su funcionamiento se encuentra en la historia de la edificación de la Torre de Babel. En este relato, las personas se pusieron de acuerdo para independizarse de Dios, y esta ley del acuerdo funcionó para ellos. Si Dios no hubiera intervenido, la construcción de la torre habría continuado sin cesar. La narrativa en Génesis 11:3-6 relata cómo decidieron hacer ladrillos y construir una torre que llegara hasta el cielo. Sin embargo, Dios, al observar sus acciones, descendió y confundió sus lenguajes, frustrando así sus planes de independencia y dispersándolos sobre la faz de la tierra. Este episodio demuestra tanto el poder de la unidad como la necesidad de considerar cómo aplicamos la ley del común acuerdo en nuestras vidas.

En Hechos 23:12, se relata cómo algunos judíos formaron una conspiración y se comprometieron con un juramento para no comer ni beber hasta que hubieran matado a Pablo. Este evento ilustra el poder del acuerdo, utilizado en este caso de manera malintencionada. A través de la historia, vemos que tanto aquellos que conspiraban contra Pablo como los fariseos, saduceos y herodianos que intentaban tentar a Jesús se beneficiaron al ponerse de acuerdo en sus malas intenciones. Incluso las escrituras nos advierten sobre la importancia del acuerdo, ya que Amós 3:3 nos pregunta qué puede hacer el Señor cuando dos personas se ponen de acuerdo. Este principio se extiende al futuro, ya que se espera que el anticristo, según Apocalipsis 17:13-17, logre unir a las naciones para entregarle los reinos del mundo por siete años. Este análisis destaca cómo el acuerdo puede influir tanto en el bien como en el mal, resaltando la necesidad de aplicarlo de manera sabia y alineada con la voluntad de Dios.

## EL PODER QUE HAY CUANDO ME PONGO DE ACUERDO

Daniel experimentó el poder del principio de unidad y común acuerdo en su vida. Se asoció con personas de fe, como los tres hebreos, y juntos acordaron no contaminarse con la comida del rey. Este mismo principio les funcionó cuando buscaron la interpretación del sueño olvidado de Nabucodonosor (Daniel 1:11, 2:17). El pasaje resalta que este principio es claro y no requiere una explicación teológica extensa; simplemente, funciona. La unidad y el acuerdo multiplican la unción, la fe y las bendiciones, como se refleja en la promesa de Jesús de estar presente cuando dos o tres se congregan en su nombre (Mateo 18:18-19).

El relato de Marcos 2:1-6 muestra cómo cuatro amigos se pusieron de acuerdo para que su amigo fuera sanado, demostrando la determinación y persistencia en la acción conjunta. Además, Hechos 15:28-29 destaca cómo los apóstoles, enfrentando desafíos doctrinales, encontraron la solución mediante el acuerdo. Este ejemplo nos enseña que el poder del acuerdo puede superar grandes obstáculos y lograr grandes avances.

## ¿POR QUÉ DEBO PONERME DE ACUERDO?

El principio del acuerdo es poderoso, como lo indica la afirmación de que nada les será imposible. Sin embargo, cuando las cosas no suceden, a menudo es porque falta el acuerdo. La unidad que surge del acuerdo es resaltada en Salmo 133:1, que destaca lo bueno y delicioso que es vivir en armonía con los hermanos. La falta de barreras se manifiesta cuando hay consenso. Este principio de acuerdo desata un poder espiritual significativo, como se ilustra en Deuteronomio 32:30, donde uno puede perseguir a mil, y dos pueden hacer huir a diez mil, evidenciando que la roca (Dios) es esencial para el éxito y la victoria.

El poder de Dios se vuelve más palpable cuando se ora en acuerdo, y las cosas experimentan un cambio significativo. El aumento del poder espiritual se correlaciona directamente con el número de personas en acuerdo, como ilustra el pasaje bíblico de Mateo 18:19-20, que señala que cuando dos personas se ponen de acuerdo en la tierra en cualquier petición, será concedida por el Padre celestial.

Daniel buscó la compañía de sus tres amigos para orar por la interpretación de un sueño olvidado por el rey, y como resultado, el secreto fue revelado a Daniel, quien bendijo al Dios del cielo. La unión de fe entre individuos potencia la fe en general, como se destaca en Levítico 26:8, donde cinco personas persiguen a cien enemigos y cien persiguen a diez mil, demostrando que la multiplicación del poder ocurre cuando hay acuerdo.

Este principio de acuerdo no solo incrementa la fe, sino que también permite enfrentar y vencer a un número considerablemente mayor de adversarios. Actuar en la ley del acuerdo, por lo tanto, conduce a resultados extraordinarios, demostrando que a medida que aumenta el número de personas en acuerdo, también aumenta el poder de Dios.

Es una ley espiritual que se encuentra respaldada por el relato en Daniel 2:17-19. Después de recibir la revelación del sueño del rey Nabucodonosor, Daniel regresó a su casa y compartió la información con sus compañeros Ananías, Misael y Azarías. Juntos, buscaron la misericordia de Dios para entender el misterio y evitar el destino que esperaba a los demás sabios de Babilonia. La respuesta a sus oraciones llegó cuando, en una visión nocturna, se reveló el secreto a Daniel. En agradecimiento, Daniel bendijo al Dios del cielo por su revelación. Este pasaje destaca la efectividad de la ley espiritual del acuerdo, ya que la unión en la búsqueda de Dios condujo a la revelación del misterio.

## ¿CON QUIÉN ME PONGO DE ACUERDO?

Si la ley del común acuerdo prima en la fe, es importante que aquellos en cuyo acuerdo entramos sean las personas adecuadas:

*"Camina con sabios y te harás sabio; júntate con necios y te meterás en dificultades"* (Proverbios 13:20).

Rodearse de personas que comparten valores similares es esencial para una vida cristiana saludable. Es importante rodearse de individuos quc compartan el deseo de apartarse del pecado y no se involucren en prácticas mundanas. Además, es beneficioso estar con aquellos que aman y respetan la Palabra de Dios, hablando con autoridad y sabiduría basadas en las Escrituras.

La compañía de personas dedicadas a la oración e intercesión fortalecerá su vida espiritual. Asimismo, buscar la compañía de aquellos que comparten sus creencias fundamentales le brindará apoyo y evitará la influencia negativa de asociarse con personas que puedan desviarlo de su fe. En resumen, rodearse de individuos que compartan sus valores y creencias fortalecerá su compromiso espiritual y su caminar con Dios.

Es fundamental rodearse de personas fructíferas que estén alineadas con la voluntad de Dios. Aquellos que evidencian resultados positivos influirán en su deseo de producir frutos en su propia vida. Además, la compañía de individuos llenos de fe fortalecerá su propia fe, evitando la influencia de la incredulidad. Es esencial evitar la cercanía con personas mundanas, a menos que sea con el propósito de llevarlas a Cristo.

La conexión con el mundo puede socavar el crecimiento espiritual. La Escritura advierte contra amar el mundo y sus cosas, ya que esto podría alejar del amor del Padre.

*Por último, rodearse de personas con corazones limpios que invoquen al Señor permitirá una conexión espiritual más profunda y fomentará la unidad en la oración, especialmente cuando se busca la intervención divina en situaciones aparentemente imposibles.*

CAPÍTULO

**SEIS**

# LA **FE** QUE VALE ANTE DIOS ES LA QUE TOMA LA INICIATIVA

Dios no se conforma con una fe inactiva. Para Él, una fe que no actúa es una fe muerta. Los grandes hombres de Dios supieron respaldar su fe con obras, fueron hombres de acción:

*"Y aconteció que cuando el filisteo se levantó y echó a andar para ir al encuentro de David, David se dio prisa, y corrió a la línea de batalla contra el filisteo. 49 Y metiendo David su mano en la bolsa, tomó de allí una piedra, y la tiró con la honda, e hirió al filisteo en la frente; y la piedra quedó clavada en la frente, y cayó sobre su rostro en tierra"* (1 Samuel 17:48-49).

*"Pero alguno dirá: Tú tienes fe, y yo tengo obras. Muéstrame tu fe sin tus obras, y yo te mostraré mi fe por mis obras. Tú crees que Dios es uno; bien haces. También los demonios creen, y tiemblan. ¿Mas quieres saber, hombre vano, que la fe sin obras es muerta?" (Santiago 2:18-20).*

¿Has estado esperando que Dios haga algo en tu vida? Tal vez Dios está esperando que tú des el primer paso, al igual que los sacerdotes que cruzaron el Jordán; ellos tenían que dar el primer paso para que el río se abriera. Una cosa que Dios espera de ti es que tomes la iniciativa, y a esto le llamamos la fe de iniciativa.

Dar un paso de fe implica aventurarse sin depender de algo humano, depositando toda tu confianza en Dios con la expectativa de que Él te sostendrá. Al tomar la iniciativa y dar un paso de fe, puedes aferrarte a la promesa de Dios que Él te dará la fuerza para hacer lo que te está pidiendo. La fe implica tomar la iniciativa, seguir la dirección de Dios y comprometerte no solo con palabras, sino también con acciones en la vida de fe.

Toma la iniciativa en todas las áreas de tu vida, recordando que no hay milagros sin iniciativa. Grandes bendiciones y milagros han ocurrido por tomar la iniciativa, tanto en el ámbito empresarial como en el ministerial. Es momento de preguntarnos: ¿Qué iniciativa estamos tomando? La fe que toma la iniciativa marca la diferencia en todos los aspectos.

## CÓMO OPERA LA FE QUE TOMA LA INICIATIVA

Analicemos la vida de tres personas del Antiguo Testamento que tomaron la iniciativa en tiempos de guerra y conquista. Josué dio el primer paso de fe al enfrentar la orden de Dios de cruzar el Jordán (Josué 3:14-17). Aunque la tarea no era fácil debido al crecimiento del río y a la topografía no plana de la orilla, Josué tomó la iniciativa. Cuando el pueblo se preparó para cruzar el Jordán, los sacerdotes que llevaban el arca del pacto lideraron la marcha.

A pesar de las dificultades, cuando los pies de los sacerdotes tocaron las aguas, estas se detuvieron y formaron un muro a gran distancia. Este milagro permitió que el pueblo de Israel cruzara el río en tierra seca. La iniciativa de Josué y los sacerdotes desencadenó la intervención divina y demostró que quien toma la iniciativa da el primer paso hacia el cumplimiento de las promesas de Dios.

David tomó la iniciativa el día que enfrentó a Goliat (1 Samuel 17:48). Cuando el filisteo se levantó para ir al encuentro de David, este corrió hacia la línea de batalla y, metiendo su mano en la bolsa, tomó una piedra, la lanzó con la honda e hirió al filisteo en la frente, derrotándolo. De manera similar, Jonatán y su escudero mostraron iniciativa al salir de su escondite para enfrentar al enemigo (1 Samuel 14:1-6). Mientras otros se escondían o evadían el problema, Jonatán y su escudero tomaron la iniciativa.

Muchos grandes comienzos han surgido de personas que asumieron la responsabilidad y tomaron la iniciativa, como Jonatán y su escudero. Dios está buscando personas que tomen la iniciativa, asuman responsabilidades y enfrenten los desafíos. A menudo, hay gigantes o problemas que desafían, pero pocos están dispuestos a asumir responsabilidades. Jonatán y su escudero son ejemplos de valentía al enfrentar al enemigo y tomar la iniciativa.

En 1 Samuel 14:8-10, Jonatán propone a su paje de armas mostrarse ante los hombres filisteos y tomarlo como señal divina. Si les dicen que esperen, se quedarán en su lugar; si les dicen que suban, será la confirmación de que Jehová los ha entregado en sus manos. La peculiaridad radica en que la señal proviene del enemigo. Si los filisteos les dicen que suban, significa que Dios los ha entregado. Jonatán, dotado de habilidad, trepa el despeñadero con su paje de armas, matando a unos veinte hombres en el proceso (versículos 13-14). Este relato ilustra cómo Dios provee habilidades para superar obstáculos cuando ha entregado al enemigo en manos de aquellos que confían en Él.

En el verso 14, la tierra tembló causando pánico en el campamento filisteo. El temor se extendió por todo el campo y la guarnición, incluso entre aquellos que me rodeaban, generando gran consternación. Los versículos 16-22 relatan cómo, en medio de la confusión, Saúl observa el tumulto en el campamento enemigo desde Gabaa de Benjamín. Al notar que Jonatán y su paje de armas no estaban presentes, Saúl decide consultar al sacerdote Ahías, quien trae el arca de Dios. Sin embargo, la situación se vuelve aún más caótica, y ante el creciente alboroto, Saúl decide detener la consulta.

Al llegar al lugar de la batalla, descubren que los filisteos están en gran confusión, con la espada de cada uno volviéndose contra su compañero. Los hebreos que estaban con los filisteos se unen a Saúl y Jonatán, mientras que otros israelitas que se habían escondido en el monte de Efraín también se suman a la batalla al enterarse de la huida de los filisteos. La narrativa destaca el caos resultante y cómo las circunstancias inesperadas llevaron a cambios en la situación de la batalla. Ese día Dios trajo gran salvación (verso 23). Igualmente, en nuestros días, Dios traerá gran salvación cuando los valientes se decidan y tomen la iniciativa.

## ¿CUÁL ES LA FE DE INICIATIVA?

La fe de iniciativa implica abandonar la comodidad y dejar los deleites temporales para obedecer el llamado de Dios. Este tipo de fe se evidenció en Abraham, quien, siendo llamado por Dios, dejó su hogar y se aventuró hacia lo desconocido, confiando en la dirección divina (Génesis 12:1-6; Hebreos 11:8-10).

Asimismo, la fe de iniciativa se manifestó en Moisés al renunciar a los placeres efímeros de la vida egipcia. Moisés prefirió ser maltratado con el pueblo de Dios que disfrutar de los deleites temporales del pecado, ya que valoraba más las riquezas espirituales y el galardón que la prosperidad material (Hebreos 11:24-27). Ambos ejemplos resaltan la importancia de la fe audaz que impulsa a las personas a apartarse de la comodidad y los placeres temporales en búsqueda de la voluntad divina.

La fe de iniciativa es aquella que da el primer paso, y un ejemplo claro de esto es Josué, quien tomó la iniciativa de liderar el cruce del Jordán (Josué 3:5-7). En ese momento, Josué instó al pueblo a santificarse, anticipando las maravillas que Dios haría entre ellos. Dándoles instrucciones a los sacerdotes, Josué los animó a llevar el arca del pacto delante del pueblo. En respuesta, Dios prometió engrandecer a Josué delante de todo Israel, mostrando que estaría con él de la misma manera que estuvo con Moisés. Este relato destaca la importancia de tomar la iniciativa para presenciar milagros, ya que aquellos que dan el primer paso son quienes inician grandes comienzos.

La fe de iniciativa es aquella que no se queda con los brazos cruzados, como demostró David al enfrentar a Goliat. En el momento crucial, David corrió hacia la línea de combate antes de que el gigante pudiera avanzar, atemorizándolo y eventualmente venciéndolo (1 Samuel 17:48). Un ejemplo adicional de iniciativa se encuentra en Jesús, quien se adelantó a Judas y le indicó que llevara a cabo sus planes rápidamente. La fe de iniciativa impulsa a la acción y marca la diferencia en situaciones desafiantes.

La fe de iniciativa es la que desata los milagros, como se evidenció en la historia de la viuda que acudió a Eliseo en busca de ayuda. Ante la amenaza de perder a sus hijos por deudas, la mujer, temerosa de Jehová, se dirigió a Eliseo buscando una solución (2 Reyes 4:1-7). Ante la pregunta de Eliseo sobre lo que tenía en casa, la viuda mencionó solo una vasija de aceite.

Eliseo le indicó que pidiera vasijas prestadas a sus vecinos y las llenara con el aceite que tenía. La mujer siguió las instrucciones al pie de la letra, encerrándose con sus hijos, llenando las vasijas y, cuando no hubo más recipientes, el aceite dejó de fluir. Al contarle a Elíseo, este le dijo que vendiera el aceite, pagara a sus acreedores y viviera con lo que quedara. La fe de iniciativa, manifestada en la obediencia de la viuda, desató el milagro de la multiplicación del aceite.

## LA FE DE INICIATIVA ES LA QUE HONRA AL QUE HONRA MERECE

Fue la fe de iniciativa la que llevó a aquella mujer a construir un aposento para Eliseo. Tomando la iniciativa, la mujer, identificando a Eliseo como un varón santo de Dios, insistió en invitarlo a comer cuando pasaba por Sunem. Convencida de la santidad de Eliseo, le propuso a su marido la construcción de un pequeño aposento con cama, mesa, silla y candelero para que él pudiera hospedarse cada vez que visitara la zona (2 Reyes 4:8-10). La fe de iniciativa de esta mujer generosa y diligente permitió que Eliseo tuviera un lugar especial en su hogar, demostrando cómo la fe activa puede llevar a acciones beneficiosas.

La fe de iniciativa es la que impulsa a lanzarse hacia lo desconocido, como lo hizo Pedro al caminar sobre las aguas por la fe (Mateo 14:28-29).

Al responder al llamado de Jesús, Pedro salió del barco, demostrando que la fe activa requiere tomar acciones audaces, incluso cuando otros permanecen en la comodidad de la barca.

Otra manifestación de la fe de iniciativa se observa en la mujer pecadora que unge a Jesús con un perfume costoso (Lucas 7:37-38). Esta mujer, motivada por su fe, toma la iniciativa al traer un frasco de alabastro con perfume y derramarlo a los pies de Jesús. Su acto generoso y desinteresado destaca cómo la fe activa se manifiesta en acciones concretas.

La fe de iniciativa es aquella que va más allá de la observación pasiva, como se ilustra en el contraste con los hijos de los profetas que solo miraron mientras Elías partía. La fe verdadera impulsa a actuar, como se evidencia en el relato de la mujer pecadora y en la valentía de Pedro.

Además, esta fe también se refleja en aquellos que, en los primeros días de la Iglesia, vendieron sus propiedades y presentaron todo a los pies de los apóstoles (Hechos 5). Estos ejemplos resaltan la importancia de una fe activa que se manifieste en acciones concretas y decisivas.

## LA FE DE INICIATIVA ES LA QUE NO SE DETIENE

La mujer sirofenicia demostró una fe perseverante que la llevó a recibir un gran milagro de parte de Jesús, a pesar de los aparentes desafíos. En el encuentro registrado en Mateo 15:21-28, Jesús inicialmente pareció desatender su petición, indicando que su misión estaba dirigida a las ovejas perdidas de Israel. A pesar de este aparente rechazo, la mujer persistió en su búsqueda de ayuda para su hija, incluso cuando Jesús mencionó la analogía de los perrillos y los hijos.

La mujer, en un acto de humildad y persistencia, respondió ingeniosamente a la analogía de Jesús, destacando que los perrillos también pueden disfrutar de las migajas que caen de la mesa de sus amos. Jesús reconoció y elogió su fe, declarando que su petición sería concedida. Esta narrativa ilustra la importancia de la fe perseverante y cómo la determinación y la humildad pueden llevar a la recepción de milagros incluso en circunstancias aparentemente desfavorables.

## LA FE DE INICIATIVA ES LA QUE HACE ORACIONES Y DÁDIVAS

La fe de Cornelio se manifestó a través de su disposición para recibir la palabra de Dios. Como se relata en Hechos 10:1-6, Cornelio, un centurión piadoso y temeroso de Dios, experimentó una visión en la que un ángel le instruyó a enviar a Jope por Simón Pedro. En respuesta, Cornelio tomó la iniciativa y reunió a sus familiares, parientes y amigos para una reunión importante. El resultado fue la llegada de Pedro, quien compartió la palabra de Dios con ellos. Como consecuencia de esta reunión, todos los presentes recibieron a Cristo y fueron bautizados en el Espíritu Santo. Este pasaje destaca la fe de Cornelio y cómo su disposición para actuar según las instrucciones divinas condujo a la bendición y transformación espiritual de él y su círculo cercano.

¿Qué reto estás enfrentando? ¿Qué oportunidades se presentan ante ti? ¿Cuál es tú próximo paso en la vida?

¿Estás esperando que Dios haga algo por ti? Dios esperará que tomes la iniciativa, que asumas un compromiso, que des el primer paso de fe. Puedes hablar todo el día sobre la fe, pero hasta que tomes el primer paso, Dios no actuará a tu favor.

La fe no se limita a palabras; es acción. No es suficiente decir que harás algo, la fe implica llevarlo a cabo. No es solo afirmar que crees, sino vivir conforme a esa creencia. Si deseamos ser personas de fe, es imperativo que tomemos la iniciativa, como se destaca en Santiago 2:18-20.

## LA FE QUE ROMPE LOS PROTOCOLOS

*"Y Ester dijo que respondiesen a Mardoqueo: Ve y reúne a todos los judíos que se hallan en Susa, y ayunad por mí, y no comáis ni bebáis en tres días, noche y día; yo también con mis doncellas ayunaré igualmente, y entonces entraré a ver al rey, aunque no sea conforme a la ley; y si perezco, que perezca. Entonces Mardoqueo fue, e hizo conforme a todo lo que le mandó Ester"* (Ester 4:15-17).

La fe tiene el poder de romper protocolos, esquemas religiosos, argumentos y rudimentos del mundo, que son ideas humanas, entre otros. Un protocolo es un reglamento, una norma o ley establecida por el hombre, y también puede ser un decreto, ya sea de carácter religioso o político. Se trata de una directriz escrita por alguien que ostenta autoridad. Para abordar este tema, es necesario referirse a dos ejemplos destacados en la Escritura, uno proveniente del Antiguo Testamento y otro del Nuevo Testamento.

El libro de Ester nos habla de un decreto de muerte que implicaba el exterminio de los judíos en el país de Persia. Este decreto se basaba en el racismo, la envidia, la discriminación y el odio hacia los judíos debido a su religión y prosperidad, ya que eran considerados diferentes. Sin embargo, Dios ya tenía preparados los medios de intervención divina antes de que ocurrieran estos eventos.

Mardoqueo y Ester se encontraban en la línea de combate para frustrar los planes malévolos del enemigo. Mardoqueo, primo de Ester, la adoptó cuando quedó huérfana, y la Reina Ester fue levantada para salvar a su pueblo. A veces, no sabemos si hemos sido destinados a ser instrumentos para salvar vidas. Puede ser que Dios nos haya escogido para ser medios de salvación frente a decretos infernales que se están planeando. Tú y yo podemos ser los medios a través de los cuales Dios obra para salvar vidas.

Aquí es donde entra la fe que rompe los decretos y protocolos, que desafía los esquemas y los tiempos establecidos. Es la intervención divina a través de seres humanos, instrumentos en la tierra para influir en los planes y propósitos de Dios. La voluntad de Dios precede a todo, y se trata de hacer su voluntad antes que atender nuestras necesidades. Esta forma de intercesión va más allá, rompiendo esquemas, protocolos humanos y decretos infernales.

Ester desempeñó un papel crucial al destruir los actos decretados que buscaban la destrucción de la nación judía. Utilizó cuatro armas espirituales poderosas: el ayuno, la oración con intercesión, la Palabra y la fe. Usó la Palabra para convencer al rey, actuando en fe en el momento adecuado y buscando la guía divina. Ester no reveló inmediatamente el problema; la fe actúa en el tiempo correcto, ajustándose a la situación y la relación con Dios. Cada situación es única, y la fe opera en el tiempo perfecto de Dios. La misma fe que desafía los esquemas también te impulsa a orar, a orar en fe, en unidad y de manera corporativa.

¿Cómo rompió Ester el protocolo para salvar a su pueblo? Ester demostró determinación (Ester 4:15-16). Estaba resuelta a ser el instrumento que Dios usaría para quebrantar el protocolo de destrucción establecido contra el pueblo de Dios, incluso si eso significaba arriesgar su propia vida.

Además de la determinación, se requiere decisión. Ester pudo haber optado por quedarse de brazos cruzados, pero entendió que la inacción resultaría en la muerte de su pueblo. Su llegada al trono no fue para fines vanos, sino con un propósito divinamente designado.

La sabiduría también desempeñó un papel clave. Ester no reveló sus intenciones de inmediato; en cambio, siguió la estrategia dada por Dios. En estos tiempos, como hijos de Dios, necesitamos actuar con sabiduría y discernimiento.

Finalmente, la acción fue fundamental. Ester no ocupó su posición para el lujo o la vanidad; su propósito era claro. Esto nos enseña como hijos de Dios que cuando Él nos usa, no es para nuestro propio engrandecimiento, sino para servir a otros y llevar la salvación a quienes la necesitan. Cada aspecto de nuestra vida tiene un propósito más grande.

## LA FE SE ACTIVA CUANDO SOY PROBADO

La Palabra de Dios enfatiza que la fe es algo precioso, incluso más valioso que el oro (1 Pedro 2:1; 1 Pedro 1:7). Vamos a examinar de cerca qué implica realmente la fe. En la vida de Abraham, identificamos siete elementos fundamentales que también encontramos en las personas de fe. Abraham atravesó estos siete pasos, y si aspiras a ser una persona de fe, te enfrentarás a ellos de acuerdo con tu medida de fe. Aquellos que eligen vivir por fe se suman a la lista de héroes de la fe, como menciona Hebreos, todos estamos destinados a ser probados en la prueba de la fe.

En Génesis 22:2, observamos que la fe demanda sacrificio. Dios le pidió a Abraham que entregara a su único hijo, aquel a quien amaba, para ofrecerlo en holocausto, siguiendo sus instrucciones. Esta solicitud representaba un compromiso total. Dios espera que le entreguemos todo o nada. Nuestro corazón no debe dividirse; Dios debe ser el centro de nuestra vida. Todo debe ser consagrado a Dios (Mateo 19:21; Romanos 15:3). Una fe que no implica sacrificio no merece ser llamada fe. Para convertirse en una persona de fe, es necesario sacrificar algo, ya sea tiempo, dedicación, renunciar al ego, entre otros aspectos.

La fe, según se evidencia en Génesis 22:3, exige obediencia. Ser una persona de fe implica necesariamente seguir la voluntad de Dios. Dios valora más la obediencia a su Palabra que los sacrificios. Un ejemplo claro de esta conexión entre fe y obediencia es el actuar de Abraham. Él se levantó temprano por la mañana, demostrando su obediencia inmediata por fe (Hebreos 11:7). Noé, también mencionado en Hebreos 11:7, es otro modelo de la prontitud que caracteriza a la fe. Ante la advertencia de Dios sobre eventos aún invisibles, Noé, movido por el temor y la fe, construyó el arca para la salvación de su familia. Su acto de fe no solo lo libró, sino que también condenó al mundo y lo hizo heredero de la justicia por la fe.

La fe, además, implica rapidez de acción, como se ilustra en la vida de Abraham (Juan 2:5). La fe no permite dilaciones; aquellos que la poseen actúan con prontitud en respuesta a sus convicciones. Abraham no dudó ni esperó que Dios cambiara sus planes; actuó de inmediato. No depositó la responsabilidad en otros ni cuestionó la llamada de Dios para ser el padre de multitudes. Su fe iba más allá, creyendo que incluso si sacrificaba a su hijo, Dios lo resucitaría. Este pasaje revela varias dimensiones esclarecedoras de la fe.

La expectativa de la fe en la vida de Abraham se centró en la creencia firme en la promesa divina. Creyó que Dios le había garantizado que a través de su descendencia, todas las naciones serían benditas, e incluso llegó al punto de confiar en que, si sacrificaba a su propio hijo, Dios lo resucitaría instantáneamente (Génesis 22:5). Esta confianza se fundamenta en la convicción de que Dios posee el poder de resucitar a los muertos, como se menciona en Hebreos 11:19. Abraham, creyendo que Dios es capaz de cumplir sus promesas, aceptó la prueba con fe inquebrantable.

La seguridad de la promesa divina se refuerza en Génesis 21:12, donde Dios le asegura a Abraham que la descendencia prometida provendría de Isaac. Este recordatorio reafirma la confianza en la fidelidad de Dios y su capacidad para cumplir lo prometido. La lección es clara: esperar en Dios siempre, porque si Dios lo dijo, Abraham lo creyó. Por la fe, Abraham enfrentó la prueba suprema, ofreciendo a Isaac, su único hijo, en cumplimiento de la promesa divina (Hebreos 11:17). Este acto revela la profundidad de la confianza de Abraham en la fidelidad de Dios, quien, al haberle dado las promesas, también le proporcionaría la descendencia prometida.

La obra de la fe se ilustra de manera impactante en Génesis 22:6, cuando Abraham, en un acto de obediencia y confianza en Dios, carga la leña del holocausto y la coloca sobre su hijo Isaac. Este pasaje subraya la conexión intrínseca entre la fe y las obras, resaltando la verdad expresada por Santiago de que la fe sin obras está muerta. La fe genuina se manifiesta a través de acciones concretas. Santiago enfatiza esta relación entre la fe y las obras en Santiago 2:20, señalando que la fe que él describe es una fe activa, evidente en las obras realizadas.

Un ejemplo supremo de la obra de la fe se encuentra en la crucifixión, donde Jesús llevó nuestros pecados en su cuerpo sobre el madero (1 Pedro 2:24). Pedro también destaca la importancia de una fe que se traduce en obras, advirtiendo que una fe sin acción es inútil. En resumen, tanto Santiago como Pedro enfatizan que la fe auténtica no solo se profesa con palabras, sino que se demuestra a través de acciones concretas, y una fe sin obras carece de significado y propósito.

La certidumbre de la fe se manifiesta en el episodio narrado en Génesis 22:8, donde Abraham, en un acto de confianza inquebrantable, asegura a Isaac que Dios proveerá el cordero para el holocausto desde cualquier lugar. Este momento crucial plantea preguntas sobre el camino hacia la obediencia de la fe, como se refleja en el verso 7, cuando Isaac pregunta a su padre acerca del cordero para el sacrificio. En este dilema, solo la fe puede brindar respuestas, como indica Hechos 27:25, donde la confianza en Dios infunde ánimo en medio de la incertidumbre.

La vida a menudo presenta situaciones incomprensibles, y es en esos momentos de duda cuando la fe se convierte en el faro que guía. Aunque no entendamos completamente las razones detrás de las circunstancias, la fe nos impulsa a creer que algo bueno surgirá de las pruebas que enfrentamos. Incluso cuando nos cuestionamos por qué Dios permite ciertos acontecimientos, la fe nos sostiene, recordándonos que las bendiciones pueden surgir en medio de aparentes dificultades. La certeza de la fe nos invita a confiar en que, a pesar de nuestras limitaciones en comprender, hay un propósito divino que se revelará con el tiempo.

La persistencia de la fe se evidencia en la narrativa de Génesis 22:9, cuando Abraham, atando a su hijo y tomando el cuchillo, se enfrenta al momento crítico del sacrificio. Aunque Abraham quizás esperó un signo divino en ese instante, un silencio aparente llenó el momento. Esta situación subraya la premisa de que una fe que titubea en la hora de la prueba no puede considerarse auténtica, como enfatiza Marcos 4:40 al cuestionar la falta de fe en situaciones desafiantes.

La verdadera fe, sin embargo, persiste y no se rinde. Este principio resalta la importancia de mantener la confianza incluso en momentos de aparente silencio divino. A menudo, en los procesos de la vida, algunas personas se desaniman y abandonan justo antes de alcanzar el final de su jornada. La fe genuina persevera más allá de las pruebas y desafíos, sosteniendo la creencia de que hay un propósito divino en cada situación. La persistencia de la fe no solo implica enfrentar pruebas, sino también resistir la tentación de darse por vencido, confiando en que hay un propósito más grande que se revelará al final del camino.

La victoria de la fe se manifiesta en Génesis 22:12, cuando Dios declara: "Ahora yo conozco que amas a Dios". Los hombres y mujeres de fe son a menudo incomprensibles para aquellos que no comparten su misma convicción. En esos difíciles momentos de prueba, cuando nadie parece entender, se revela la profundidad de la fe, representando el último paso para superar la adversidad y alcanzar la victoria de la fe. Esta victoria, como señala Romanos 9:33, no avergonzará a quienes creen en Dios, mostrando que la fe es recompensada.

La fe implica ofrecer sacrificios, como indica Marcos 9:25 y 1 Juan 5:4. La vida misma se considera una ofrenda. La reflexión se dirige hacia el estado de la vida de fe de cada individuo. ¿Cómo está tu vida de fe? ¿Cómo te sientes cuando atraviesas situaciones en las que pareces estar solo y sin comprensión, a pesar de tener una promesa divina? La clave reside en permanecer en la fe, esperando con expectativa la recompensa que seguramente seguirá. Estas preguntas invitan a una reflexión profunda sobre la perseverancia en la fe, incluso cuando los tiempos son difíciles, confiando en que la victoria de la fe está en camino.

## LA FE SE ACTIVA CUANDO TE PIDEN HACER LO IMPOSIBLE

¿Alguna vez te han pedido que hagas algo que parecía imposible, algo fuera de tu alcance? Ya sea un amigo, un jefe o tu propio padre, es posible que te hayan solicitado realizar una tarea que te resultaba abrumadora. Quizás estés enfrentando una petición así en este momento y te preguntes cómo abordarla. En ocasiones, nos vemos ante desafíos que nos parecen insuperables, y es normal cuestionarnos cómo enfrentar lo imposible. Todos experimentamos retos en la vida, ya sean pequeños o grandes; es inevitable. Puedes encontrarte diciendo: "no tengo tiempo", "no tengo talento", "no tengo dinero", "no tengo experiencia" o "no tengo la fe necesaria", entre otras excusas (Daniel 2:13-16).

Cuando te encuentras llamado a hacer lo que parece inalcanzable, la Biblia nos enseña que Dios nos capacita y nos otorga dones según nuestras habilidades. Él provee lo necesario para que alcancemos lo que nos pide. La confianza en Dios es clave. En momentos de escasez, actúa con fe, utilizando la moneda divina: confiar plenamente en Dios. Cuando te encuentres ante una encrucijada, dando pasos en un callejón sin salida, avanza con determinación. Examina cómo Daniel manejó una situación en la que se le pidió hacer lo imposible, y verás que Dios siempre provee los recursos necesarios cuando confiamos en Él:

*"Y se publicó el edicto de que los sabios fueran llevados a la muerte; y buscaron a Daniel y a sus compañeros para matarlos. Entonces Daniel habló sabia y prudentemente a Arioc, capitán de la guardia del rey, que había salido para matar a los sabios de Babilonia. Habló y dijo a Arioc capitán del rey: ¿Cuál es la causa de que este edicto se publique de parte del rey tan apresuradamente? Entonces Arioc hizo saber a Daniel lo que había. Y Daniel entró y pidió al rey que le diese tiempo, y que él mostraría la interpretación al rey"* (Daniel 2:13-16).

## NO ENTRES EN PÁNICO

No tengas miedo, no dejes que el temor se apodere de tu corazón en medio de las adversidades. Aquellos que tienen a Dios como su guía no caen en pánico cuando las circunstancias se tornan difíciles. Conoce a quien sirves y mantén la calma siguiendo el ejemplo de Daniel. En Daniel 2, el rey Nabucodonosor, ante la incapacidad de sus astrólogos para interpretar un sueño, planea ejecutarlos. Sin embargo, Daniel es llamado para resolver la situación.

La desesperación no debe tener cabida en la vida de los hijos de Dios, como nos insta el Señor a no turbar nuestros corazones. La historia de Daniel ilustra esta verdad cuando, enfrentando la amenaza de ejecución, habla con sabiduría e inteligencia al comandante Arioc (Daniel 2:14). A pesar de la orden de asesinato del rey, Daniel, un joven de 17 años, manejó la situación con sabiduría y sin entrar en pánico.

Daniel muestra cómo controlarse en momentos difíciles, hablando prudentemente con sabiduría. En medio de crisis y enfrentando amenazas, es esencial evitar cometer locuras que puedan lamentarse más tarde. La historia de Daniel nos recuerda que, incluso en situaciones apremiantes, la sabiduría y la serenidad son esenciales para enfrentar los desafíos sin caer en pánico o tomar decisiones precipitadas.

## BUSCA LA CAUSA Y EL POR QUÉ

En el libro del profeta Daniel leemos:

*"En el segundo año del reinado de Nabucodonosor, tuvo Nabucodonosor sueños, y se perturbó su espíritu, y se le fue el sueño. Hizo llamar el rey a magos, astrólogos, encantadores y caldeos, para que le explicasen sus sueños. Vinieron, pues, y se presentaron delante del rey. Y el rey les dijo: He tenido un sueño, y mi espíritu se ha turbado por saber el sueño. Entonces hablaron los caldeos al rey en lengua aramea: Rey, para siempre vive; di el sueño a tus siervos, y te mostraremos la interpretación. Respondió el rey y dijo a los caldeos: El asunto lo olvidé; si no me mostráis el sueño y su interpretación, seréis hechos pedazos, y vuestras casas serán convertidas en muladares. Y si me mostrareis el sueño y su interpretación, recibiréis de mí dones y favores y gran honra. Decidme, pues, el sueño y su interpretación. Respondieron por segunda vez, y dijeron: Diga el rey el sueño a sus siervos, y le mostraremos la interpretación. El rey respondió y dijo: Yo conozco ciertamente que vosotros ponéis dilaciones, porque veis que el asunto se me ha ido. Si no me mostráis el sueño, una sola sentencia hay para vosotros. Ciertamente preparáis respuesta mentirosa y perversa que decir delante de mí, entre tanto que pasa el tiempo. Decidme, pues, el sueño, para que yo sepa que me podéis dar su interpretación. Los caldeos respondieron delante del rey, y dijeron: No hay hombre sobre la tierra que pueda declarar el asunto del rey; además de esto, ningún rey, príncipe ni señor preguntó cosa semejante a ningún mago ni astrólogo ni caldeo. Porque el asunto que el rey demanda es difícil, y no hay quien lo pueda declarar al rey, salvo los dioses cuya morada no es con la carne"* (Daniel 2:1-11).

En lugar de ceder al pánico, Daniel adoptó un enfoque calmado al enfrentar desafíos, comprendiendo todos los hechos y buscando entender la motivación detrás de la petición del rey.

Abordó la situación indagando en el "porqué" del problema, como se registra en Daniel 2:15 cuando le preguntó a Arioc sobre la severidad del decreto real. La importancia de comprender el motivo subyacente se destaca, ya que, cuando enfrentamos solicitudes aparentemente imposibles, es crucial entender el "por qué".

La reacción del rey, impulsada por el miedo, resalta cómo las personas, en medio del pánico, pueden formular peticiones ilógicas. Proverbios 23:23 subraya la importancia de invertir en obtener la verdad, reforzando la idea que frente a desafíos aparentemente imposibles, no debemos temer, sino buscar todos los hechos antes de avanzar.

## BUSCA AMIGOS DEL MISMO SENTIR

Busca amigos que sean de bendición y te brinden apoyo, siguiendo el ejemplo de Daniel en Daniel 2:17-18. Después de conocer el misterio que enfrentaba, Daniel compartió la situación con sus compañeros Ananías, Misael y Azarías, instándoles a buscar misericordia del Dios del cielo. La idea era que, al unir fuerzas en oración, tanto Daniel como sus compañeros pudieran evitar el destino compartido con los demás sabios de Babilonia. La importancia de contar con amigos que compartan la misma fe y que motiven a enfrentar desafíos en unidad se destaca en estos versículos. Estos pasos nos enseñan a buscar compañeros de fe cuando nos enfrentamos a situaciones difíciles, uniendo fuerzas en un acuerdo para recibir respuestas y superar adversidades.

Buscó amigos que eran personas de oración, una cualidad que a menudo resulta difícil de encontrar. Es fundamental contar con amigos que compartan este mismo sentir, que estén dispuestos a ponerse de acuerdo en oración de manera concreta y no actuar impulsivamente. Se busca gente sensata, consciente de sus acciones, y que priorice los intereses de Dios. La búsqueda incluye amigos dispuestos a obedecer los principios divinos y que sean un respaldo durante las pruebas, dispuestos a sufrir junto a mí y enfrentar juntos cualquier adversidad. Encontrar amigos con estas características puede ser un desafío, pero son esenciales para fortalecer la fe y enfrentar la vida con apoyo y oración constante.

## ESPERAR EN DIOS LA RESPUESTA

La historia de Daniel continúa:

*"Entonces el secreto fue revelado a Daniel en visión de noche, por lo cual bendijo Daniel al Dios del cielo. Y Daniel habló y dijo: Sea bendito el nombre de Dios de siglos en siglos, porque suyos son el poder y la sabiduría. Él muda los tiempos y las edades; quita reyes, y pone reyes; da la sabiduría a los sabios, y la ciencia a los entendidos. Él revela lo profundo y lo escondido; conoce lo que está en tinieblas, y con él mora la luz. A ti, oh Dios de mis padres, te doy gracias y te alabo, porque me has dado sabiduría y fuerza, y ahora me has revelado lo que te pedimos; pues nos has dado a conocer el asunto del rey. Entonces el secreto fue revelado a Daniel en visión de noche, por lo cual bendijo Daniel al Dios del cielo"* (Daniel 2:19-23).

La paciencia es esencial para la espera, y así lo comprendió Daniel al solicitar tiempo para consultar a Dios respecto al misterioso asunto que enfrentaba. Reconoció que algunos asuntos, como los secretos divinos, requieren paciencia y esperar en el tiempo de Dios. En un mundo que avanza rápidamente, la idea de esperar puede parecer contraproducente, pero es crucial.

La seguridad en lo recibido como proveniente de Dios es vital. La rápida dinámica del mundo actual no deja mucho margen para la espera, pero es esencial discernir a través de la Palabra de Dios para asegurarse que lo recibido sea genuino. Ante afirmaciones de sueños o revelaciones, es necesario ser cauteloso, ya que existe el riesgo de ser engañado por espíritus de mentira que buscan confundir propósitos y planes.

La oración y la búsqueda de Dios son fundamentales para abrir el velo de lo desconocido. Daniel experimentó la revelación de un secreto en una visión nocturna, y en respuesta, bendijo al Dios del cielo por tal revelación. Este pasaje destaca la importancia de la paciencia, el discernimiento basado en la Palabra de Dios, y la búsqueda de la revelación divina para afrontar los misterios de la vida con sabiduría y seguridad.

## BENDECIR A DIOS

Mostrar gratitud y bendecir el nombre de Dios es un aspecto inherente en la vida de fe:

*"A ti, oh Dios de mis padres, te doy gracias y te alabo, porque me has dado sabiduría y fuerza, y ahora me has revelado lo que te*

*pedimos; pues nos has dado a conocer el asunto del rey. Y Daniel habló y dijo: Sea bendito el nombre de Dios de siglos en siglos, porque suyos son el poder y la sabiduría. El muda los tiempos y las edades; quita reyes, y pone reyes; da la sabiduría a los sabios, y la ciencia a los entendidos. El revela lo profundo y lo escondido; conoce lo que está en tinieblas, y con él mora la luz. A ti, oh Dios de mis padres, te doy gracias y te alabo, porque me has dado sabiduría y fuerza, y ahora me has revelado lo que te pedimos; pues nos has dado a conocer el asunto del rey"* (Daniel 2:20-23).

Daniel tomó el tiempo necesario para bendecir a Dios, permaneciendo en un acto continuo de adoración y reconocimiento de la grandeza y sabiduría divinas. Su respuesta a la revelación de un secreto divino no fue otra que exaltar a Dios por su ser y naturaleza. La clave que se revela en esta situación es la declaración de la majestuosidad de Dios tanto en el cielo como en la tierra. La reacción apropiada ante la presencia divina es siempre la adoración. Cada vez que Dios se manifiesta, la respuesta adecuada es elevarlo con gratitud y reverencia, reconociendo quién es Él en todo su esplendor.

## ENTREGAR LO QUE SE ME HA REVELADO

Continuemos con la historia de Daniel:

*"Tú, oh rey, veías, y he aquí una gran imagen. Esta imagen, que era muy grande, y cuya gloria era muy sublime, estaba en pie delante de ti, y su aspecto era terrible. La cabeza de esta imagen era de oro fino; su pecho y sus brazos, de plata; su vientre y sus muslos, de bronce; sus piernas, de hierro; sus pies, en parte de*

*hierro y en parte de barro cocido. Estabas mirando, hasta que una piedra fue cortada, no con mano, e hirió a la imagen en sus pies de hierro y de barro cocido, y los desmenuzó. Entonces fueron desmenuzados también el hierro, el barro cocido, el bronce, la plata y el oro, y fueron como tamo de las eras del verano, y se los llevó el viento sin que de ellos quedara rastro alguno. Mas la piedra que hirió a la imagen fue hecha un gran monte que llenó toda la tierra. Este es el sueño; también la interpretación de él diremos en presencia del rey. Tú, oh rey, eres rey de reyes; porque el Dios del cielo te ha dado reino, poder, fuerza y majestad. Y dondequiera que habitan hijos de hombres, bestias del campo y aves del cielo, él los ha entregado en tu mano, y te ha dado el dominio sobre todo; tú eres aquella cabeza de oro. Y después de ti se levantará otro reino inferior al tuyo; y luego un tercer reino de bronce, el cual dominará sobre toda la tierra. Y el cuarto reino será fuerte como hierro; y como el hierro desmenuza y rompe todas las cosas, desmenuzará y quebrantará todo. Y lo que viste de los pies y los dedos, en parte de barro cocido de alfarero y en parte de hierro, será un reino dividido; mas habrá en él algo de la fuerza del hierro, así como viste hierro mezclado con barro cocido. Y por ser los dedos de los pies en parte de hierro y en parte de barro cocido, el reino será en parte fuerte, y en parte frágil. Así como viste el hierro mezclado con barro, se mezclarán por medio de alianzas humanas; pero no se unirán el uno con el otro, como el hierro no se mezcla con el barro. Y en los días de estos reyes el Dios del cielo levantará un reino que no será jamás destruido, ni será el reino dejado a otro pueblo; desmenuzará y consumirá a todos estos reinos, pero él permanecerá para siempre, de la manera que viste que del monte fue cortada una piedra, no con mano, la cual desmenuzó el hierro, el bronce, el barro, la plata y el oro. El gran Dios ha mostrado al rey lo que ha de acontecer en lo por venir; y el sueño es verdadero, y fiel su interpretación. Después de esto fue Daniel a Arioc, al cual el rey había puesto para matar a los sabios de Babilonia, y le dijo así: No mates a los sabios de Babilonia; llévame a la presencia del rey, y yo le mostraré la interpretación"* (Daniel 2: 31-45).

En Daniel 2:32-45, aprendemos que Dios reveló el conocimiento de los tiempos y las eras, estableciendo su control sobre todo. Se revelaron misterios ocultos que solo Dios, en su soberanía, puede desvelar a sus siervos. Este pasaje específicamente revela la sucesión de imperios, desde el Babilónico hasta el Romano, y anticipa los tiempos actuales. Destacando la imagen de una piedra que representa a Jesucristo, quien vendrá para establecer su reino de paz en la tierra, este pasaje resalta la soberanía y el plan divino.

La glorificación de Dios se manifiesta en Daniel 2:47-49 como respuesta a la habilidad de Daniel para interpretar el sueño del rey. Este episodio refleja la autoridad y sabiduría de Dios al revelar el futuro y confiar la interpretación a Sus siervos. La narrativa subraya la idea que, en medio de los misterios y desafíos, Dios revela su soberanía y manifiesta su gloria, permitiendo a sus siervos comprender y proclamar sus designios.

## LO QUE SUCEDE CUANDO USAMOS LA FE

Hay otra lección importante enseñada en el relato de Daniel:

*"Entonces el rey Nabucodonosor se postró sobre su rostro y se humilló ante Daniel, y mandó que le ofreciesen presentes e in-*

*cienso. El rey habló a Daniel, y dijo: Ciertamente el Dios vuestro es Dios de dioses, y Señor de los reyes, y el que revela los misterios, pues pudiste revelar este misterio. Entonces el rey engrandeció a Daniel, y le dio muchos honores y grandes dones, y le hizo gobernador de toda la provincia de Babilonia, y jefe supremo de todos los sabios de Babilonia. Y Daniel solicitó del rey, y obtuvo que pusiera sobre los negocios de la provincia de Babilonia a Sadrac, Mesac y Abed-nego; y Daniel estaba en la corte del rey"* (Daniel 2:46-49).

Daniel 2:46-49 nos brinda enseñanzas significativas y nos invita a reflexionar sobre ciertas preguntas. La importancia de comprender las motivaciones de quienes nos solicitan realizar algo aparentemente imposible se destaca, y se nos insta a cuestionarnos sobre ello.

*La experiencia de presenciar cómo Dios obra en situaciones que parecen imposibles también es un punto relevante para la reflexión. Este pasaje nos lleva a pensar en las recompensas que Dios otorga, provocando una reflexión más profunda sobre nuestra comprensión de las motivaciones en nuestras interacciones y cómo reconocemos la intervención divina en medio de lo que consideramos imposible.*

CAPÍTULO

# SIETE

# ORACIONES QUE LIBERARON EL PODER DE LA **FE**

Las oraciones que activan la fe son aquellas que impactan nuestras vidas y traen bendiciones, provocando la intervención divina. Estas oraciones hacen demandas específicas, desencadenan lo sobrenatural y nos proporcionan un caudal de conocimiento.

Además, nos sirven como ejemplo y guía sobre cómo liberar la fe, considerándola como la moneda de Dios. Así pues, leemos:

*"Y se le apareció Jehová a Salomón en Gabaón una noche en sueños, y le dijo Dios: Pide lo que quieras que yo te dé. Y Salomón dijo: Tú hiciste gran misericordia a tu siervo David mi padre, porque él anduvo delante de ti en verdad, en justicia, y con rectitud de corazón para contigo; y tú le has reservado esta tu gran misericordia, en que le diste hijo que se sentase en su trono, como sucede en este día. Ahora pues, Jehová Dios mío, tú me has puesto a mí tu siervo por rey en lugar de David mi padre; y yo soy joven, y no sé cómo entrar ni salir"* (1 Reyes 3:5-7).

*"Y agradó delante del Señor que Salomón pidiese esto. Y le dijo Dios: Porque has demandado esto, y no pediste para ti muchos días, ni pediste para ti riquezas, ni pediste la vida de tus enemigos, sino que demandaste para ti inteligencia para oír juicio, he aquí lo he hecho conforme a tus palabras; he aquí que te he dado corazón sabio y entendido, tanto que no ha habido antes de ti otro como tú, ni después de ti se levantará otro como tú. Y aun también te he dado las cosas que no pediste, riquezas y gloria, de tal manera que entre los reyes ninguno haya como tú en todos tus días"* (1 Reyes 3:10-13).

La oración de Salomón liberó sobre él la bendición de Dios. ¿Por qué su oración fue tan eficaz? Dejemos que la Biblia hable por sí misma.

## ORACIONES QUE NO HAY QUE HACER

Santiago 1:6-7 nos insta a pedir con fe, sin dudar, ya que aquel que duda se asemeja a la inconstancia del mar, arrastrado por el viento y lanzado de un lado a otro, sin recibir nada del Señor. En este contexto, es fundamental solicitar de manera amplia, buscando la inspiración divina, pues Dios es un Dios de abundancia, como lo evidenciamos en la Escritura cuando colocó al hombre en el Edén.

Su plan va más allá de meros estudios o esfuerzos individuales para avanzar. La abundancia de Dios se manifiesta también en la multiplicación de los cinco panes y los dos peces, mostrándonos que Él provee más que suficiente. Aprendamos, entonces, a orar y liberar la fe para solicitar cosas grandes, ya que a Dios le complace que creamos en su capacidad para hacer lo imposible.

No pidas solo para subsistir ni para convertirte en un simple ladrillo en la construcción de algo más grande. No solicites para ser un mejor esclavo; en lugar de eso, aspira a algo más elevado, pide por un trabajo que te permita crecer y ser un emprendedor. No te conformes con sobrevivir, ya que dedicar toda tu vida a oraciones simplemente para sobrevivir resultará en una pérdida de tiempo y te alejará de tu destino. En lugar de eso, en tus oraciones, busca la fuerza para superar adicciones arraigadas en tu familia, rompiendo con la maldición y creando una generación bendecida.

Cuando enfrentes problemas, no solo pidas a Dios que te ayude a sobrellevarlos; en cambio, solicita ser libre de esos problemas. Expresa tu deseo sincero de dejar atrás las dificultades y comienza una nueva etapa. La Palabra nos asegura que el bien y la misericordia nos seguirán todos los días de nuestra vida. En lugar de tener fe para enfrentar problemas, busca tener la fe para ser completamente libre de ellos.

No solicites ser un mejor esclavo. Evita pedir a Dios simplemente por la paja necesaria para el día, temiendo el azote de los capataces de Faraón si no la obtienes de inmediato. En cambio, busca la liberación de la esclavitud, porque el Libertador ya está presente para emanciparte. No le pidas a Dios que te ayude a manejar tu adicción, sino más bien a salir completamente de ella. En lugar de rogar por alivio en la soledad, pídele a Dios que te conduzca hacia alguien que comparta tu camino. Como se nos dice en la Escritura, “no es bueno que el hombre esté solo”, y esto se aplica tanto a los hombres como a las mujeres. Busquemos la ayuda divina no solo para sobrellevar, sino para superar, liberarnos y compartir nuestras cargas con otros.

No pidas simplemente ser más o menos. En este contexto, no se trata de comparaciones, sino de ser bendecidos y de impactar positivamente en este mundo con la gracia y bendición de Dios. En lugar de solicitar fortaleza para soportar pruebas, pide a Dios que te saque de ellas, liberándote de la presión de la tentación. En tus oraciones, no te limites a pedir resistencia ante las dificultades; más bien, busca la libertad total. No te conformes con pedir un poquito; en cambio, solicita ser una bendición para otros y ayudarles a descubrir el secreto de la bendición.

Evita orar con una mentalidad limitada; en su lugar, pide a Dios que te ayude a funcionar mejor en tu propósito y en la expansión de sus planes. En lugar de centrarte en la lentitud de lo que tienes, dirige tus oraciones hacia sueños, nuevos niveles y bendiciones que te conduzcan a tu propósito. No te limites a lo que posees actualmente; busca más, con la confianza que Dios puede llevarte a nuevos niveles y propósitos en tu vida.

## ORACIONES QUE LIBERAN EL PODER DE LA FE

En Éxodo 35:20-30 leemos:

*"Y salió toda la congregación de los hijos de Israel de delante de Moisés. Y vino todo varón a quien su corazón estimuló, y todo aquel a quien su espíritu le dio voluntad, con ofrenda a Jehová para la obra del tabernáculo de reunión y para toda su obra, y para las sagradas vestiduras. Vinieron así hombres como mujeres, todos los voluntarios de corazón, y trajeron cadenas y zarcillos, anillos y brazaletes y toda clase de joyas de oro; y todos presentaban ofrenda de oro a Jehová. Todo hombre que tenía azul, púrpura, carmesí, lino fino, pelo de cabras, pieles de carneros teñidas de rojo, o pieles de tejones, lo traía. Todo el que ofrecía ofrenda de plata o de bronce traía a Jehová la ofrenda; y todo el que tenía madera de acacia la traía para toda la obra del servicio. Además, todas las mujeres sabias de corazón hilaban con sus manos, y traían lo que habían hilado: azul, púrpura, carmesí o lino fino. Y todas las mujeres cuyo corazón las impulsó*

*en sabiduría hilaron pelo de cabra. Los príncipes trajeron piedras de ónice, y las piedras de los engastes para el efod y el pectoral, y las especias aromáticas, y el aceite para el alumbrado, y para el aceite de la unción, y para el incienso aromático. De los hijos de Israel, así hombres como mujeres, todos los que tuvieron corazón voluntario para traer para toda la obra, que Jehová había mandado por medio de Moisés que hiciesen, trajeron ofrenda voluntaria a Jehová".*

Esta respuesta fue transmitida a Moisés mientras se encontraba con Dios en el monte. Se le informó a Moisés sobre el personal necesario para llevar a cabo la obra divina. Dios reveló que ya había seleccionado a alguien con habilidades para inventar diseños, respaldado por un grupo de personas capacitadas y talentosas dispuestas a colaborar en la obra. Estas personas aportaban los talentos y recursos necesarios para cumplir con el llamado de Dios a Moisés.

En Éxodo 35:30-35 se nos dice:

*"Y dijo Moisés a los hijos de Israel: Mirad, Jehová ha nombrado a Bezaleel hijo de Uri, hijo de Hur, de la tribu de Judá; y lo ha llenado del Espíritu de Dios, en sabiduría, en inteligencia, en ciencia y en todo arte, para proyectar diseños, para trabajar en oro, en plata y en bronce, y en la talla de piedras de engaste, y en obra de madera, para trabajar en toda labor ingeniosa. Y ha puesto en su corazón el que pueda enseñar, así él como Aholiab hijo de Ahisamac, de la tribu de Dan; y los ha llenado de sabiduría de corazón, para que hagan toda obra de arte y de invención, y de bordado en azul, en púrpura, en carmesí, en lino fino y en telar, para que hagan toda labor, e inventen todo diseño".*

## ORACIÓN DE SALOMÓN

2 de Crónicas 1:7-12 nos relata:

*"Aquella noche Dios se apareció a Salomón y le dijo: Pide lo que quieras que yo te dé. Entonces Salomón dijo a Dios: Tú has mostrado gran misericordia con mi padre David, y me has hecho rey en su lugar. Ahora, oh Señor Dios, tu promesa a mi padre David se ha cumplido, porque me has hecho rey sobre un pueblo tan numeroso como el polvo de la tierra. Dame ahora sabiduría y conocimiento, para que pueda salir y entrar delante de este pueblo; porque, ¿quién podrá juzgar a este pueblo tuyo tan grande? y dijo Dios a Salomón: Por cuanto esto estaba en tu corazón, y no has pedido riquezas, ni bienes, ni gloria, ni la vida de los que te odian, ni aun has pedido larga vida, sino que has pedido para ti sabiduría y conocimiento para poder gobernar a mi pueblo sobre el cual te he hecho rey, sabiduría y conocimiento te han sido concedidos".*

Salomón solicitó a Dios que lo engrandeciera y lo hiciera muy conocido, y Dios cumplió su petición. La reina de Saba incluso se postró ante él. Salomón utilizó estas bendiciones para impactar vidas, comprometiéndose a emplear las riquezas para ayudar a los menos afortunados, los huérfanos y abogar por la justicia de los oprimidos, dando voz a aquellos que no la tienen.

Su solicitud no fue egoísta; buscaba no solo su propio éxito, sino también la restauración y el avance del reino de Dios. Esta actitud de pedir en grande, no solo para uno mismo, sino para levantar a los caídos y contribuir al reino divino, es un modelo inspirador. Dios, según Salomón, no tiene problema en otorgar riquezas cuando el deseo está alineado con el propósito de ayudar a otros.

La sugerencia es clara: atrevámonos a orar y pedir a Dios que nos haga famosos en nuestro campo, no para nuestra propia gloria, sino para el avance de su reino. Solicitemos influencia en todas las áreas de nuestra vida, buscando inspirar a quienes nos rodean y permitiendo que nuestra identidad sea conocida. No se trata solo de reconocimiento, sino de tener un impacto positivo en la sociedad. Pidamos a Dios ideas creativas, diseñemos soluciones y destaquemos en todas las áreas, influyendo en muchos para cumplir con la voluntad divina. Que nuestra experiencia y habilidades se desarrollen para beneficiar a la humanidad, apoyando a madres solteras, huérfanos y contribuyendo al bienestar general.

## ORACIÓN DE JABES

**"Y Jabes fue más ilustre que sus hermanos**, *al cual su madre llamó Jabes, diciendo: Por cuanto lo di a luz en dolor. E invocó Jabes al Dios de Israel, diciendo: ¡Oh, si me dieras bendición, y ensancharas mi territorio, y si tu mano estuviera conmigo, y me libraras de mal, para que no me dañe! Y le otorgó Dios lo que pidió"* (1 Crónicas 4:9.10).

Él pidió destacarse y le imploro a Dios a que lo bendijese. Jabes enfrentó dificultades en su vida, pero logró superarlas, a pesar de una formación difícil. Llegamos a esa conclusión al explorar el significado de su nombre: dolor sufrido. Dios, te ruego que me bendigas sinceramente y en grande.

Jabes se encontraba en problemas, se sentía deprimido y derrotado, pero logró cambiar su mentalidad de esclavo. No importa dónde estuviera, invocó a Dios y recibió una respuesta (Versículo 10). Dios le concedió lo que había pedido: destacarse. Jabes, a pesar de sus problemas, no se conformó con la mediocridad; afirmó que sobresalía. En lugar de quedarse inactivo como los demás, puso a Dios en el primer lugar de su vida.

Jabes invocó al Dios de Israel, reconociendo que los dioses de otros pueblos no tenían valor alguno. Solo el Dios de Israel es verdadero. Supo cómo pedir a Dios. Su oración fue una demanda al reino de Dios.

"Ensancha mi territorio", expresaba, solicitando ir más allá de sus límites, y pidiendo ver abundancia, experimentar más de su favor. Algunos, quizás como la gente de Dacia, podrían decir: "Jabes, ¿qué te crees? Tu Dios no te bendecirá". Provenientes de la familia más humilde, con una madre que le causó tristeza, dolor y problemas, podrían considerar que tienen razones para quedarse donde están. Sin embargo, Jabes reconoce que otros no determinan su destino, sino que Dios lo hace, y lo ha bendecido verdaderamente.

A pesar de las circunstancias en su contra, Jabes confía en que Dios está a su favor. No se limita por las dificultades, reconociendo que Dios es más poderoso y lo sacará de cualquier problema en el que se encuentre. Jabes no se limita a pedir ayuda por una crianza difícil; más bien, solicita lo que Dios ha depositado en su corazón.

En este contexto, se destaca la importancia de pedir las cosas que Dios ha puesto en el corazón de uno, buscando oraciones de restitución. Dios ya ha preparado a la gente adecuada, cambios en su vida, y puertas que se abrirán, puertas que quizás Jabes nunca creyó que podría abrir.

## LA ORACIÓN DE ANA

El principio de ser específico en la oración se evidenció en la liberación de la carga de Ana, ya que su tristeza desapareció. La oración de Ana se fundamenta en cinco principios que se manifiestan en la oración de fe, enseñándonos cómo orar con expectativas. Su actitud correcta, marcada por la humildad, se refleja en 1 Samuel 1:19, donde, a diferencia de años anteriores, se llenó de fe y oró de manera diferente, escapando de las burlas que la habían perseguido.

A lo largo de los años, la familia de Ana solía hacer sacrificios a Dios, pero un año fue excepcional. Ana, agradecida y humilde, destacó la importancia de la actitud en la oración, refiriéndose a sí misma como "tu sierva" (verso 11), sin orgullo ni arrogancia. Además, Ana eligió el lugar adecuado para orar, recordando la época en la que la oración tenía efecto en un lugar específico, aunque ahora el Espíritu Santo mora en nosotros (Juan 4:34).

En ese entonces, los hombres israelitas acudían tres veces al año al tabernáculo de Silo para adorar y ofrecer sacrificios (Deuteronomio 16:1-17). Ana, consciente de la importancia del lugar, optó por llevar sus problemas a Dios en lugar de tomar represalias contra su rival y su esposo. Su enfoque revela la seriedad con la que se acercó al único que podía aliviar su dolor y quitar la amargura de su alma.

Gracias al sacrificio perfecto de Jesús, no es necesario ir a un lugar especial para encontrarse con Dios; ahora podemos adorar al Padre en cualquier lugar y momento, sin necesidad de intermediarios.

Ana oró de la manera correcta: con fe. Muchos hoy dan más importancia a la forma y postura al orar que a la fe. Algunos incluso debaten sobre si la postura para orar define si somos escuchados o no. Esto es absurdo. La biblia nos dice que la forma de orar puede variar y que la postura es lo de menos, como se evidencia en las diferentes posturas de figuras bíblicas. Moisés y Aarón se postraron (Números 16:22), el rey David meditaba en su cama (Salmo 63:6), Salomón se arrodillaba con sus manos extendidas (1 Reyes 8:54), Jonás oró estando en el vientre del pez (Jonás 2:1-9), Esdras hacía confesión llorando y postrándose (Esdras 10:1), Nehemías oró de pie sobre el muro (Nehemías 4:9), Pedro oró mientras caminaba sobre el agua (Mateo 14:30), Pablo oró estando de rodillas en la prisión (Efesios 3:14), los ancianos de Éfeso se arrodillaron en la plaza (Hechos 20:36), y Ana oraba en silencio, moviendo solo sus labios (1 Samuel 1:13, 26). La diversidad de posturas muestra que no hay una forma específica de orar, permitiendo a cada individuo encontrar la postura que mejor se adapte a su conexión con Dios.

Ana oró buscando el resultado correcto (1 Samuel 1:11) y formuló un voto, comprometiéndose a dedicar a Jehová a su hijo si le concedía la bendición de tener uno. No buscaba un hijo para ella, sino uno para Dios. Dios respondió a su petición, y Ana ya no estuvo más triste (1 Samuel 1:20). La llegada de Samuel fue un testimonio de la fe de Ana, que no solo se limitó a afirmar su fe, sino que la demostró con evidencias tangibles de su respuesta a la oración.

En lugar de simplemente decir que tenía fe, Ana materializó su confianza en Dios al recibir a Samuel como un presente, mostrando con acciones concretas la realidad de su fe. Este acto refleja el principio de "llamar las cosas que no son como si fuesen" y destaca la importancia de actuar en coherencia con lo que se espera y se cree. En su oración, Ana no solo buscaba un hijo para sí misma, sino un resultado que bendijera al pueblo de Dios y promoviera los propósitos divinos. La historia de Ana es un testimonio inspirador de la conexión entre la fe, la oración y la acción.

Es esencial ignorar los comentarios negativos y adoptar un lenguaje positivo, declarando y hablando la palabra de manera constante. La práctica de expresar lo que se ha oído y aprendido fortalece la fe. El camino hacia la fe implica caminar y actuar con convicción. La fe no se manifiesta en un lenguaje común; más bien, se declara, según lo menciona Mateo 17:20, que nos insta a hablarle a la montaña para que se mueva. La montaña no se moverá si no le hablamos. Una forma de fortalecer la fe es escuchar la palabra de Dios, siguiendo el consejo de Proverbios 10:17, que nos dice que la fe viene a través de la predicación y la predicación mediante la palabra de Dios. Este proceso de declarar, aprender, hablar y actuar en fe contribuye al crecimiento espiritual y a la conexión con la palabra divina.

## LA ORACIÓN DE JOB

Cuando oras por otros liberamos la bendición de Dios sobre ellos y sobre nosotros mismos:

*"Y quitó Jehová la aflicción de Job, cuando él hubo orado por sus amigos; y aumentó al doble todas las cosas que habían sido de*

*Job. Y vinieron a él todos sus hermanos y todas sus hermanas, y todos los que antes le habían conocido, y comieron con él pan en su casa, y se condolieron de él, y le consolaron de todo aquel mal que Jehová había traído sobre él; y cada uno de ellos le dio una pieza de dinero y un anillo de oro. Y bendijo Jehová el postrer estado de Job más que el primero; porque tuvo catorce mil ovejas, seis mil camellos, mil yuntas de bueyes y mil asnas, y tuvo siete hijos y tres hijas. Llamó el nombre de la primera, Jemima, el de la segunda, Cesia, y el de la tercera, Keren-hapuc. Y no había mujeres tan hermosas como las hijas de Job en toda la tierra; y les dio su padre herencia entre sus hermanos. Después de esto vivió Job ciento cuarenta años, y vio a sus hijos, y a los hijos de sus hijos, hasta la cuarta generación. Y murió Job viejo y lleno de días"* (Job 42:10-17).

En Job 42:10-17, después de que Job ora por sus amigos, la Biblia nos revela que Dios bendice abundantemente a Job. La razón detrás de esta bendición al orar por otros se puede entender desde varios aspectos, pero, en resumen podemos decir que, al orar por otros, participamos en actos de amor, intercesión y alineación con la voluntad de Dios, lo cual, según las enseñanzas bíblicas, nos coloca en una posición propicia para recibir bendiciones en nuestras propias vidas.

## LAS ORACIONES DE EZEQUÍAS

La oración de Ezequías es también un ejemplo de oración eficaz:

*"Y tomó Ezequías las cartas de mano de los embajadores; y después que las hubo leído, subió a la casa de Jehová, y las extendió*

*Ezequías delante de Jehová. Y oró Ezequías delante de Jehová, diciendo: Jehová Dios de Israel, que moras entre los querubines, solo tú eres Dios de todos los reinos de la tierra; tú hiciste el cielo y la tierra. Inclina, oh Jehová, tu oído, y oye; abre, oh Jehová, tus ojos, y mira; y oye las palabras de Senaquerib, que ha enviado a blasfemar al Dios viviente. Es verdad, oh Jehová, que los reyes de Asiria han destruido las naciones y sus tierras; y que echaron al fuego a sus dioses, por cuanto ellos no eran dioses, sino obra de manos de hombres, madera o piedra, y por eso los destruyeron. Ahora, pues, oh Jehová Dios nuestro, sálvanos, te ruego, de su mano, para que sepan todos los reinos de la tierra que solo tú, Jehová, eres Dios"* (2Reyes 19:14-19).

Quiero que esta palabra te llene de fe cuando te encuentres sin saber qué hacer, especialmente en momentos en que blasfemen el nombre de nuestro Dios. Senaquerib, habiendo previamente vencido a muchas naciones, decidió atacar el reino de Judá con la creencia de que podría lograr lo mismo que había hecho con otras naciones. Envió cartas a Ezequías instándolo a rendirse, a darse por vencido, y a perder toda esperanza.

Senaquerib desafiaba la confianza de Ezequías en su Dios, asegurándole que, a pesar de las victorias anteriores, el Dios de Ezequías no sería capaz de salvarlo. Ezequías, sin embargo, no se dejó intimidar; llevó las cartas al templo, las extendió ante Dios y expresó su confianza en el Todopoderoso. A pesar de la blasfemia abierta hacia el Dios de Israel, Ezequías confió en Dios, antes que en la fortaleza de su ejército y caballería.

La respuesta de Dios ante la oración ferviente de Ezequías no se hizo esperar:

*"Entonces Isaías hijo de Amoz envió a decir a Ezequías: Así ha dicho Jehová, Dios de Israel: Lo que me pediste acerca de Senaquerib rey de Asiria, he oído. Esta es la palabra que Jehová ha pronunciado acerca de él: La virgen hija de Sion te menosprecia, te escarnece; detrás de ti mueve su cabeza la hija de Jerusalén. ¿A quién has vituperado y blasfemado? ¿y contra quién has alzado la voz, y levantado en alto tus ojos? Contra el Santo de Israel. Por mano de tus mensajeros has vituperado a Jehová, y has dicho: Con la multitud de mis carros he subido a las alturas de los montes, a lo más inaccesible del Líbano; cortaré sus altos cedros, sus cipreses más escogidos; me alojaré en sus más remotos lugares, en el bosque de sus feraces campos. Yo he cavado y bebido las aguas extrañas, he secado con las plantas de mis pies todos los ríos de Egipto. ¿Nunca has oído que desde tiempos antiguos yo lo hice, y que desde los días de la antigüedad lo tengo ideado? Y ahora lo he hecho venir, y tú serás para hacer desolaciones, para reducir las ciudades fortificadas a montones de escombros. 26 Sus moradores fueron de corto poder; fueron acobardados y confundidos; vinieron a ser como la hierba del campo, y como hortaliza verde, como heno de los terrados, marchitado antes de su madurez. He conocido tu situación, tu salida y tu entrada, y tu furor contra mí. Por cuanto te has airado contra mí, por cuanto tu arrogancia ha subido a mis oídos, yo pondré mi garfio en tu nariz, y mi freno en tus labios, y te haré volver por el camino por donde viniste. Y esto te daré por señal, oh Ezequías: Este año comeréis lo que nacerá de suyo, y el segundo año lo que nacerá de suyo; y el tercer año sembraréis, y segaréis, y plantaréis viñas, y comeréis el fruto de ellas. Y lo que hubiere escapado, lo que hubiere quedado de la casa de Judá, volverá a echar raíces abajo, y llevará fruto arriba. Porque saldrá de Jerusalén remanente, y del monte de Sion los que se salven. El celo de*

*Jehová de los ejércitos hará esto. Por tanto, así dice Jehová acerca del rey de Asiria: No entrará en esta ciudad, ni echará saeta en ella; ni vendrá delante de ella con escudo, ni levantará contra ella baluarte. Por el mismo camino que vino, volverá, y no entrará en esta ciudad, dice Jehová. Porque yo ampararé esta ciudad para salvarla, por amor a mí mismo, y por amor a David mi siervo. Y aconteció que aquella misma noche salió el ángel de Jehová, y mató en el campamento de los asirios a ciento ochenta y cinco mil; y cuando se levantaron por la mañana, he aquí que todo era cuerpos de muertos. Entonces Senaquerib rey de Asiria se fue, y volvió a Nínive, donde se quedó. Y aconteció que mientras él adoraba en el templo de Nisroc su dios, Adramelec y Sarezer sus hijos lo hirieron a espada, y huyeron a tierra de Ararat. Y reinó en su lugar Esar-hadón su hijo" (2 Reyes 19:20-37).*

En resumen, 2 Reyes 19:20-37 nos enseña a confiar en Dios, a buscarlo en tiempos difíciles, a creer en su poder sobre las situaciones imposibles y a reconocer que la victoria proviene de Él. Este pasaje destaca la importancia de mantener nuestra fe en Dios, incluso cuando enfrentamos desafíos aparentemente insuperables. ¿Lo crees?

## LA ORACIÓN DE NEHEMÍAS

Otro ejemplo de fe y oración eficaz fue Nehemías:

*"Palabras de Nehemías hijo de Hacalías. Aconteció en el mes de Quisleu, en el año veinte, estando yo en Susa, capital del reino, que vino Hanani, uno de mis hermanos, con algunos varones de Judá, y les pregunté por los judíos que habían escapado, que*

*habían quedado de la cautividad, y por Jerusalén. Y me dijeron: El remanente, los que quedaron de la cautividad, allí en la provincia, están en gran mal y afrenta, y el muro de Jerusalén derribado, y sus puertas quemadas a fuego. Cuando oí estas palabras me senté y lloré, e hice duelo por algunos días, y ayuné y oré delante del Dios de los cielos. Y dije: Te ruego, oh Jehová, Dios de los cielos, fuerte, grande y temible, que guarda el pacto y la misericordia a los que le aman y guardan sus mandamientos; esté ahora atento tu oído y abiertos tus ojos para oír la oración de tu siervo, que hago ahora delante de ti día y noche, por los hijos de Israel tus siervos; y confieso los pecados de los hijos de Israel que hemos cometido contra ti; sí, yo y la casa de mi padre hemos pecado. En extremo nos hemos corrompido contra ti, y no hemos guardado los mandamientos, estatutos y preceptos que diste a Moisés tu siervo. Acuérdate ahora de la palabra que diste a Moisés tu siervo, diciendo: Si vosotros pecareis, yo os dispersaré por los pueblos; 9 pero si os volviereis a mí, y guardareis mis mandamientos, y los pusiereis por obra, aunque vuestra dispersión fuere hasta el extremo de los cielos, de allí os recogeré, y os traeré al lugar que escogí para hacer habitar allí mi nombre. Ellos, pues, son tus siervos y tu pueblo, los cuales redimiste con tu gran poder, y con tu mano poderosa. Te ruego, oh Jehová, esté ahora atento tu oído a la oración de tu siervo, y a la oración de tus siervos, quienes desean reverenciar tu nombre; concede ahora buen éxito a tu siervo, y dale gracia delante de aquel varón. Porque yo servía de copero al rey"* (Nehemías 1:1-11).

La respuesta de Dios no se hizo esperar:

*"Sucedió en el mes de Nisán, en el año veinte del rey Artajerjes, que estando ya el vino delante de él, tomé el vino y lo serví al*

*rey. Y como yo no había estado antes triste en su presencia, me dijo el rey: ¿Por qué está triste tu rostro? pues no estás enfermo. No es esto sino quebranto de corazón. Entonces temí en gran manera. Y dije al rey: Para siempre viva el rey. ¿Cómo no estará triste mi rostro, cuando la ciudad, casa de los sepulcros de mis padres, está desierta, y sus puertas consumidas por el fuego? Me dijo el rey: ¿Qué cosa pides? Entonces oré al Dios de los cielos, y dije al rey: Si le place al rey, y tu siervo ha hallado gracia delante de ti, envíame a Judá, a la ciudad de los sepulcros de mis padres, y la reedificaré. Entonces el rey me dijo (y la reina estaba sentada junto a él): ¿Cuánto durará tu viaje, y cuándo volverás? Y agradó al rey enviarme, después que yo le señalé tiempo. Además dije al rey: Si le place al rey, que se me den cartas para los gobernadores al otro lado del río, para que me franqueen el paso hasta que llegue a Judá; y carta para Asaf guarda del bosque del rey, para que me dé madera para enmaderar las puertas del palacio de la casa, y para el muro de la ciudad, y la casa en que yo estaré. Y me lo concedió el rey, según la benéfica mano de mi Dios sobre mí. Vine luego a los gobernadores del otro lado del río, y les di las cartas del rey. Y el rey envió conmigo capitanes del ejército y gente de a caballo. Pero oyéndolo Sanbalat horonita y Tobías el siervo amonita, les disgustó en extremo que viniese alguno para procurar el bien de los hijos de Israel”* (Nehemías 1:1-11).

Nehemías 1-2 sirve como un ejemplo de oración eficaz que incluye adoración, confesión, petición alineada con la voluntad divina, espera paciente y acción guiada por la respuesta divina. Esto ilustra cómo una conexión íntima con Dios en oración puede resultar en la intervención divina y el cumplimiento de Sus propósitos.

## LA ORACIÓN DE ELÍAS

Elías es también otro ejemplo de oración de fe:

*"Cuando llegó la hora de ofrecerse el holocausto, se acercó el profeta Elías y dijo: Jehová Dios de Abraham, de Isaac y de Israel, sea hoy manifiesto que tú eres Dios en Israel, y que yo soy tu siervo, y que por mandato tuyo he hecho todas estas cosas. Respóndeme, Jehová, respóndeme, para que conozca este pueblo que tú, oh Jehová, eres el Dios, y que tú vuelves a ti el corazón de ellos. Entonces cayó fuego de Jehová, y consumió el holocausto, la leña, las piedras y el polvo, y aun lamió el agua que estaba en la zanja. Viéndolo todo el pueblo, se postraron y dijeron: ¡Jehová es el Dios, Jehová es el Dios! Entonces Elías les dijo: Prended a los profetas de Baal, para que no escape ninguno. Y ellos los prendieron; y los llevó Elías al arroyo de Cisón, y allí los degolló"* (1 Reyes 18:36-40).

1 Reyes 18:36-40 narra el famoso episodio del profeta Elías desafiando a los profetas de Baal en el Monte Carmelo. Este pasaje ofrece valiosas lecciones sobre la fe y la respuesta divina. Elías no solo confió en Dios en su corazón, sino que también actuó en consecuencia. Pidió a Dios que respondiera con fuego para demostrar Su poder, y lo hizo en público, frente a los profetas de Baal y al pueblo. Esto destaca la importancia de que nuestra fe se manifieste en acciones concretas.

Elías muestra confianza en la soberanía de Dios al pedir que se revele su presencia y poder. Su oración refleja una fe firme en el hecho de que Dios tiene el control sobre la naturaleza y que puede intervenir en respuesta a la fe de su siervo. Dios responde a la oración de Elías de manera espectacular, consumiendo el sacrificio con fuego divino. Esto destaca cómo la fe genuina y la confianza en Dios pueden llevar a respuestas extraordinarias que revelan su poder y gloria.

El evento en el Monte Carmelo fue un testimonio público de la fe de Elías y, por extensión, de la grandeza de Dios. La respuesta divina en forma de fuego no solo confirmó la fe de Elías sino que también demostró la falsedad de los dioses de Baal ante todo el pueblo. Después de la respuesta divina, el pueblo reconoció la supremacía del Dios de Israel, y muchos se volvieron nuevamente hacia Él. Este episodio subraya la importancia de la verdadera adoración y la fe en Dios como único merecedor de nuestra confianza.

En resumen, 1 Reyes 18:36-40 nos enseña que la fe auténtica se manifiesta en acciones concretas, que implica una confianza en la soberanía de Dios, y que está conectada directamente con la respuesta divina. También destaca la importancia de dar testimonio público de nuestra fe y reconocer la verdadera adoración que honra a Dios.

## LA ORACIÓN DE JOSAFAT

La oración de Josafat es también digna de considerar:

*"Pasadas estas cosas, aconteció que los hijos de Moab y de Amón, y con ellos otros de los amonitas, vinieron contra Josafat a la guerra. Y acudieron algunos y dieron aviso a Josafat, diciendo: Contra ti viene una gran multitud del otro lado del mar, y de Siria; y he aquí están en Hazezon-tamar, que es En-gadi. Entonces él*

*tuvo temor; y Josafat humilló su rostro para consultar a Jehová, e hizo pregonar ayuno a todo Judá. Y se reunieron los de Judá para pedir socorro a Jehová; y también de todas las ciudades de Judá vinieron a pedir ayuda a Jehová. Entonces Josafat se puso en pie en la asamblea de Judá y de Jerusalén, en la casa de Jehová, delante del atrio nuevo"* (2 Crónicas 20:1-5).

Lejos de rendirse, Josafat y su pueblo decidieron alabar y adorar a su Dios:

*"Y estaba allí Jahaziel hijo de Zacarías, hijo de Benaía, hijo de Jeiel, hijo de Matanías, levita de los hijos de Asaf, sobre el cual vino el Espíritu de Jehová en medio de la reunión; y dijo: Oíd, Judá todo, y vosotros moradores de Jerusalén, y tú, rey Josafat. Jehová os dice así: No temáis ni os amedrentéis delante de esta multitud tan grande, porque no es vuestra la guerra, sino de Dios. Mañana descenderéis contra ellos; he aquí que ellos subirán por la cuesta de Sis, y los hallaréis junto al arroyo, antes del desierto de Jeruel. No habrá para qué peleéis vosotros en este caso; paraos, estad quietos, y ved la salvación de Jehová con vosotros. Oh Judá y Jerusalén, no temáis ni desmayéis; salid mañana contra ellos, porque Jehová estará con vosotros. Entonces Josafat se inclinó rostro a tierra, y asimismo todo Judá y los moradores de Jerusalén se postraron delante de Jehová, y adoraron a Jehová. Y se levantaron los levitas de los hijos de Coat y de los hijos de Coré, para alabar a Jehová el Dios de Israel con fuerte y alta voz"* (2 Crónicas 20:14-19).

Como siempre, la respuesta del Señor no se hizo esperar:

*"Y cuando se levantaron por la mañana, salieron al desierto de Tecoa. Y mientras ellos salían, Josafat, estando en pie, dijo: Oídme,*

*Judá y moradores de Jerusalén. Creed en Jehová vuestro Dios, y estaréis seguros; creed a sus profetas, y seréis prosperados. Y habido consejo con el pueblo, puso a algunos que cantasen y alabasen a Jehová, vestidos de ornamentos sagrados, mientras salía la gente armada, y que dijesen: Glorificad a Jehová, porque su misericordia es para siempre. Y cuando comenzaron a entonar cantos de alabanza, Jehová puso contra los hijos de Amón, de Moab y del monte de Seir, las emboscadas de ellos mismos que venían contra Judá, y se mataron los unos a los otros. Porque los hijos de Amón y Moab se levantaron contra los del monte de Seir para matarlos y destruirlos; y cuando hubieron acabado con los del monte de Seir, cada cual ayudó a la destrucción de su compañero. Y luego que vino Judá a la torre del desierto, miraron hacia la multitud, y he aquí yacían ellos en tierra muertos, pues ninguno hbía escapado. Viniendo entonces Josafat y su pueblo a despojarlos, hallaron entre los cadáveres muchas riquezas, así vestidos como alhajas preciosas, que tomaron para sí, tantos, que no los podían llevar; tres días estuvieron recogiendo el botín, porque era mucho. Y al cuarto día se juntaron en el valle de Beraca; porque allí bendijeron a Jehová, y por esto llamaron el nombre de aquel paraje el valle de Beraca, hasta hoy. Y todo Judá y los de Jerusalén, y Josafat a la cabeza de ellos, volvieron para regresar a Jerusalén gozosos, porque Jehová les había dado gozo librándolos de sus enemigos. Y vinieron a Jerusalén con salterios, arpas y trompetas, a la casa de Jehová. Y el pavor de Dios cayó sobre todos los reinos de aquella tierra, cuando oyeron que Jehová había peleado contra los enemigos de Israel. Y el reino de Josafat tuvo paz, porque su Dios le dio paz por todas partes"* (2 Crónicas 20:20-30).

Ante la amenaza de un gran ejército enemigo, Josafat y el pueblo de Judá reconocieron su propia incapacidad para enfrentar la situación por sí mismos. Este reconocimiento de la debilidad humana fue el punto de partida para buscar a Dios en fe y oración (2 Crónicas 20:3). En lugar de confiar únicamente en sus propias estrategias, Josafat convocó a una asamblea para buscar la ayuda de Dios mediante la oración. Esta acción subraya la importancia de recurrir a la oración como respuesta natural en tiempos de crisis (2 Crónicas 20:4).

La oración de Josafat reflejó una confianza profunda en la fidelidad y el poder de Dios. Recordó las promesas divinas y la historia pasada de la intervención de Dios en favor de su pueblo (2 Crónicas 20:6-7). Esta confianza en la fidelidad de Dios fue una expresión clave de fe. Dios respondió a la oración del pueblo a través de un profeta, indicando que no debían temer y que la batalla no era de ellos sino de Dios (2 Crónicas 20:14-17). Esta dirección divina fortaleció la fe del pueblo y les proporcionó un fundamento sólido para enfrentar la adversidad.

Antes de enfrentar al enemigo, Josafat decidió colocar a los adoradores y cantores al frente del ejército, dando prioridad a la alabanza a Dios (2 Crónicas 20:21-22). Esta acción no convencional resaltó la confianza en la intervención divina y la victoria a través de la fe. La nación de Judá experimentó la intervención milagrosa de Dios. Cuando comenzaron a cantar y alabar, Dios causó confusión entre los enemigos, llevándolos a destruirse mutuamente. La victoria fue completa, y Judá se vio libre de la amenaza externa (2 Crónicas 20:22-24).

La confianza en Dios, la búsqueda activa de su ayuda a través de la oración y la expresión de fe mediante la alabanza condujeron a la intervención divina y la victoria sobre los enemigos. Este relato destaca la importancia de confiar en Dios y depender de Él en medio de las dificultades.

## LA ORACIÓN DE DANIEL

El caso de Daniel también es representativo como ejemplo de oración eficaz que obtiene respuesta. Dios se manifestó a través de una grandiosa visión:

*"En el año tercero de Ciro rey de Persia fue revelada palabra a Daniel, llamado Beltsasar; y la palabra era verdadera, y el conflicto grande; pero él comprendió la palabra, y tuvo inteligencia en la visión. En aquellos días yo Daniel estuve afligido por espacio de tres semanas. No comí manjar delicado, ni entró en mi boca carne ni vino, ni me ungí con ungüento, hasta que se cumplieron las tres semanas. Y el día veinticuatro del mes primero estaba yo a la orilla del gran río Hidekel. Y alcé mis ojos y miré, y he aquí un varón vestido de lino, y ceñidos sus lomos de oro de Ufaz. Su cuerpo era como de berilo, y su rostro parecía un relámpago, y sus ojos como antorchas de fuego, y sus brazos y sus pies como de color de bronce bruñido, y el sonido de sus palabras como el estruendo de una multitud. Y sólo yo, Daniel, vi aquella visión, y no la vieron los hombres que estaban conmigo, sino que se apoderó de ellos un gran temor, y huyeron y se escondieron. Quedé, pues, yo solo, y vi esta gran visión, y no quedó fuerza en mí, antes mi fuerza se cambió en desfallecimiento, y no tuve vigor alguno. Pero oí el sonido de sus palabras; y al oír el sonido de sus palabras, caí sobre mi rostro en un profundo sueño, con mi rostro en tierra"* (Daniel 10:1-9).

El relato continúa, enseñándonos importantes verdades sobre el mundo espiritual y la forma en que Dios responde:

*"Y he aquí una mano me tocó, e hizo que me pusiese sobre mis rodillas y sobre las palmas de mis manos. Y me dijo: Daniel,*

*varón muy amado, está atento a las palabras que te hablaré, y ponte en pie; porque a ti he sido enviado ahora. Mientras hablaba esto conmigo, me puse en pie temblando. Entonces me dijo: Daniel, no temas; porque desde el primer día que dispusiste tu corazón a entender y a humillarte en la presencia de tu Dios, fueron oídas tus palabras; y a causa de tus palabras yo he venido. Mas el príncipe del reino de Persia se me opuso durante veintiún días; pero he aquí Miguel, uno de los principales príncipes, vino para ayudarme, y quedé allí con los reyes de Persia. He venido para hacerte saber lo que ha de venir a tu pueblo en los postreros días; porque la visión es para esos días. Mientras me decía estas palabras, estaba yo con los ojos puestos en tierra, y enmudecido. Pero he aquí, uno con semejanza de hijo de hombre tocó mis labios. Entonces abrí mi boca y hablé, y dije al que estaba delante de mí: Señor mío, con la visión me han sobrevenido dolores, y no me queda fuerza. ¿Cómo, pues, podrá el siervo de mi señor hablar con mi señor? Porque al instante me faltó la fuerza, y no me quedó aliento. Y aquel que tenía semejanza de hombre me tocó otra vez, y me fortaleció, y me dijo: Muy amado, no temas; la paz sea contigo; esfuérzate y aliéntate. Y mientras él me hablaba, recobré las fuerzas, y dije: Hable mi señor, porque me has fortalecido. Él me dijo: ¿Sabes por qué he venido a ti? Pues ahora tengo que volver para pelear contra el príncipe de Persia; y al terminar con él, el príncipe de Grecia vendrá. Pero yo te declararé lo que está escrito en el libro de la verdad; y ninguno me ayuda contra ellos, sino Miguel vuestro príncipe"* (Daniel 10:10-21).

Daniel 10 proporciona una visión fascinante sobre la forma en que Dios responde a las oraciones y las luchas espirituales. Daniel se embarca en un período de ayuno y oración, buscando entendimiento. Sin embargo, se enfrenta a resistencia espiritual, simbolizada por el príncipe de Persia, un ser espiritual maligno que se opone al mensaje divino. Esto sugiere que nuestras oraciones pueden enfrentar obstáculos espirituales.

A pesar de la resistencia espiritual, Daniel persevera en su búsqueda de entendimiento a través de la oración y el ayuno durante tres semanas. Esto destaca la importancia de la perseverancia en la oración, incluso cuando no vemos respuestas inmediatas. Aunque Daniel buscó respuestas fervientemente, el mensajero celestial le revela que la respuesta fue enviada desde el primer día de su oración, pero fue detenida por la resistencia espiritual. Esto ilustra que el tiempo de Dios no siempre coincide con nuestro concepto de tiempo y resalta la paciencia requerida en la espera de respuestas.

Dios envía un mensajero celestial para brindar a Daniel el entendimiento que busca. Esto resalta cómo Dios responde a nuestras oraciones enviando ayuda, sabiduría o consuelo, a menudo a través de diferentes medios. Cuando Daniel ve al mensajero celestial, se postra con temor y reverencia. La respuesta divina viene en medio de un acto de adoración. Esto sugiere que la actitud de reverencia y adoración puede preparar el terreno para una respuesta más clara y significativa.

El mensajero celestial fortalece a Daniel para que pueda recibir el mensaje y enfrentar los desafíos futuros. Esto refleja cómo Dios no solo responde a nuestras oraciones con información, sino que también nos equipa con la fortaleza espiritual necesaria para enfrentar lo que viene. Así pues, el capitulo 10 de Daniel nos enseña, en su conjunto, que la oración puede enfrentar resistencia espiritual, la perseverancia es crucial, el tiempo de Dios es diferente al nuestro, y Dios responde enviando ayuda y fortaleza. Además, la actitud de adoración y reverencia puede preparar el camino para respuestas significativas.

## LOS APÓSTOLES

El apóstol Pedro recibió una palabra directa de Dios en Mateo 17:27, donde se le instruyó a ir al mar, echar el anzuleo y tomar el primer pez que saliera. Al abrir la boca del pez, encontraría un estatero, que debía tomar y dar tanto por él como por Jesús para evitar escandalizar a otros. En otro episodio narrado en Hechos 3:2-8, Pedro y Juan se encuentran con un hombre cojo de nacimiento que pedía limosna a las puertas del templo. Aunque el hombre esperaba recibir dinero, Pedro le ofreció algo más valioso en el nombre de Jesucristo: la capacidad de levantarse y andar. El hombre fue sanado instantáneamente, lo que resultó en su entrada al templo, caminando, saltando y alabando a Dios. Posteriormente, en Hechos 4:23-25, después de ser puestos en libertad, Pedro y Juan informaron a su comunidad sobre las amenazas de los líderes religiosos. En respuesta, la comunidad alzó unánimemente la voz a Dios, reconociendo su soberanía como el Creador del cielo, la tierra, el mar y todo lo que hay en ellos.

La respuesta divina se manifiesta en Hechos 4:31, donde después de una oración, el lugar donde estaban congregados experimentó un temblor, y todos fueron llenos del Espíritu Santo, hablando con valentía la palabra de Dios. La narración continúa en los versículos 33-35, describiendo el testimonio poderoso de los apóstoles sobre la resurrección de Jesús y la abundante gracia que los cubría. En esa comunidad, no había necesitados, ya que aquellos que tenían propiedades las vendían y traían el producto para distribuirlo según las necesidades.

Este relato nos lleva a reflexionar sobre nuestras propias oraciones y demandas al cielo. ¿Enfrentamos injusticias o dificultades a pesar de nuestra fidelidad? En esos momentos, tenemos el derecho de hacer demandas a Dios. La comunidad de creyentes en Hechos nos muestra la respuesta divina a una búsqueda ferviente, la llenura del Espíritu Santo y la generosidad compartida.

*Así, podemos aprender a confiar en que Dios también responderá nuestras oraciones y necesidades, manifestando su gracia y poder en nuestras vidas.*

CAPÍTULO

# OCHO

# PASOS PARA ACTIVAR LA **FE**

*"Boga mar adentro y hecha vuestras redes para pescar. Respondiendo Simón, le dijo: Maestro, toda la noche hemos estado trabajando, y nada hemos pescado; más en tu palabra echaré la red. y habiéndolo hecho, encerraron gran cantidad de peces, y su red se rompía".*
(Lucas 5:3-6)

Mucha gente tiende a activar el miedo en lugar de la fe. Ahora quiero compartir contigo cómo puedes activar tu fe. Existe una diferencia entre conocer teóricamente la fe y realmente activarla. A menudo, nos enfrentamos al desafío de no saber cómo poner en marcha nuestra fe, de la misma manera en que un teléfono no sirve a menos que esté activado, incluso si tiene una buena red confiable de señal. Debes conectarlo a la red para que funcione. De manera similar, la fe no sirve si no la activas.

Hoy te animo a que actives tu fe, siguiendo el ejemplo de Rahab, quien activó su fe al atar el cordón de grana en el muro. ¿Cuántos quieren activar su fe hoy? Para que la fe se active, necesitas dar algunos pasos. La fe requiere que actives algo en tu declaración. Cada milagro está respaladado por una declaración de fe.

## LA FE SE ACTIVA CUANDO SÉ LO QUE QUIERO

Nadie recibe lo que no pide. Y nadie pide si no sabe lo que quiere:

*"¿Qué quieres que haga por ti? Señor, quiero ver. ¡Recibe la vista! le dijo Jesús. Tu fe te ha sanado. Al instante recobró la vista. Entonces, glorificando a Dios, comenzó a seguir a Jesús, y todos los que lo vieron daban alabanza"* (Lucas 18:41-43).

Para que mi fe se active, es esencial tener claridad acerca de lo que quiero y por qué estoy haciendo una petición. Los héroes de la fe creyeron, saludaron y visualizaron sus deseos. Cuando nos preguntamos qué queremos, ya sea salud, matrimonio o un milagro, es fundamental que esos deseos estén alineados con la voluntad de Dios (como se menciona en Santiago 5:3), Él nos oye cuando le pedimos algo que le agrada.

Es crucial comprender que Dios no nos dará lo que deseamos si no está alineado con su voluntad. La fe se activa cuando nos alineamos con la voluntad divina, evitando que nuestras peticiones se conviertan en potenciales maldiciones.

## LA FE SE ACTIVA CUANDO ME AFERRO A LAS PROMESAS

Jesús dijo:

*"¿No te he dicho que si crees veras la gloria de Dios?"* (Juan 11:8).

Hay más de tres mil promesas en la Biblia. ¿De esas tres mil promesas cuantas hemos activado? Hoy quiero mostrarte cómo puedes hacerlo.

## LA FE SE ACTIVA CUANDO LLEVO A OTROS A CRISTO

*"Entonces vinieron a él unos trayendo un paralítico, que era cargado por cuatro. y como no podían acercarse a él a causa de la multitud, descubrieron el techo de donde estaba, y haciendo una abertura, bajaron el lecho en que yacía el paralítico. Al ver Jesús la fe de ellos, dijo al paralítico: Hijo, tus pecados te son perdonados. Estaban allí sentados algunos de los escribas, los cuales cavilaban en sus corazones: ¿Por qué habla este así? Blasfemias dice. ¿Quién puede perdonar pecados?"* (Marcos 2:3-7).

Marcos 2:3-7 nos enseña que cuando nos involucramos activamente para ayudar a otros, superamos obstáculos con fe y compasión, abrimos la puerta para presenciar milagros y experimentar la intervención divina.

En el relato, un grupo de personas lleva a un paralítico a Jesús en busca de sanidad. Al encontrarse con la multitud y no poder acercarse directamente a Jesús debido a la gran concurrencia, deciden subir al techo de la casa donde Jesús estaba enseñando. Después de abrir un agujero en el techo, bajan al paralítico frente a Jesús. Esta historia ilustra cómo la iniciativa y la colaboración de aquellos que ayudan al paralítico desencadenan la intervención milagrosa de Jesús.

## LA FE SE ACTIVA CUANDO TODO SE ACABA

Cuando todo parecía perdido, una mujer que había estado enferma durante doce años creyó que podría encontrar sanidad tocando el borde del manto de Jesús, como se relata en Mateo

9:20. En el camino, pasaron por donde estaba esta mujer que padecía de flujo de sangre, según Marcos 5:25-29. Después de sufrir mucho y gastar todo en médicos sin mejoría, ella, al escuchar de Jesús, pensó: *"Si tan solo pudiera tocar el manto de Jesús, seré salva"*.

Acercándose por detrás entre la multitud, logró tocar su manto. Al instante, la fuente de su sangre se secó, y sintió en su cuerpo que estaba curada de su aflicción. Estos relatos destacan la fe activa de esta mujer que, a pesar de su larga enfermedad, creyó en la posibilidad de la sanidad a través del contacto con Jesús y experimentó un milagro al tocar su manto.

## LA FE SE ACTIVA CUANDO LE HABLO A LA MONTAÑA

*"Respondiendo Jesús, les dijo: En verdad os digo que, si tenéis fe y no dudáis, no sólo haréis lo de la higuera, sino que aun si decís a este monte: Quítate y échate al mar, así sucederá"* (Mateo 21:21).

En este pasaje, Jesús está hablando sobre la capacidad de la fe para realizar cosas aparentemente imposibles. Él destaca que si alguien tiene fe genuina y no duda, puede realizar hazañas sorprendentes. La referencia a la higuera y al monte se utiliza simbólicamente para ilustrar el poder de la fe.

De este modo, Mateo 21:21 nos enseña que la fe sin duda puede tener un impacto significativo y que, cuando confiamos plenamente en Dios, podemos superar obstáculos aparentemente insuperables. No le hables a Dios de tu montaña, ordénale a la montaña que se mueva. Cualquiera sea el problema que se dé ¡que se mueva!

## LA FE SE ACTIVA CUANDO ORO CREYENDO

*"Por qué es necesario que el que se acerca a Dios crea que le hay y que es galardonador de los que le busca"* (Hebreos 11:6).

La fe se activa cuando oro creyendo, como nos enseña Hebreos 11:6, en donde se subraya la importancia de la fe en la oración. No es simplemente una cuestión de orar, sino de hacerlo con la plena creencia en la existencia de Dios y en su disposición a recompensar a aquellos que sinceramente lo buscan. La diferencia entre simplemente orar y orar creyendo resalta la necesidad de confiar en la respuesta divina y activar la fe para obtener los beneficios prometidos por Dios.

## LA FE SE ACTIVA CUANDO HAGO LO QUE JESÚS DICE

*"Cuando terminó de hablar, dijo a Simón: Boga mar adentro, y echad vuestras redes para pescar. Respondiendo Simón, le dijo: Maestro, toda la noche hemos estado trabajando, y nada hemos pescado; más en tu palabra echaré la red. Y habiéndolo hecho, encerraron gran cantidad de peces, y su red se rompía"* (Lucas 54-6).

La fe se activa cuando hago lo que Jesús dice, como se evidencia en Lucas 5:4-6. Aunque Simón había trabajado toda la noche sin éxito, decide confiar en las palabras de Jesús y obedecer. Su respuesta fue: "Maestro, toda la noche hemos estado trabajando, y nada hemos pescado; más en tu palabra echaré la red".

Siguiendo la indicación de Jesús, echaron la red y atraparon una gran cantidad de peces, incluso al punto de que la red se rompía. Este relato destaca la conexión entre la fe y la obediencia, subrayando que la fe se manifiesta cuando se sigue la dirección de Jesús, incluso cuando las circunstancias parecen desfavorables.

## LA FE SE ACTIVA CUANDO ME ENFOCO EN DIOS

*"Por la fe salió de Egipto sin tenerle miedo a la ira del rey, pues se mantuvo firme como si estuviera viendo al Invisible. Puestos los ojos en Jesús el autor y consumador de la fe"* (Hebreos 11:27, NVI).

La fe se activa cuando me enfoco en Dios. Este versículo destaca la fe valiente de aquellos que salieron de Egipto, no temiendo la ira del rey, ya que se mantuvieron firmes como si estuvieran viendo al Invisible. El acto de mantener los ojos en Jesús, identificado como el autor y consumador de la fe, resalta la importancia de centrarse en Dios para activar la fe. La referencia a no tener miedo a la ira del rey sugiere que la confianza en Dios supera cualquier temor humano, mostrando así que la fe se fortalece cuando el enfoque se dirige hacia lo divino.

## LA FE SE ACTIVA CUANDO ME HUMILLO

*"Saliendo Jesús de allí, se fue a la región de Tiro y de Sidón. Y he aquí una mujer cananea que había salido de aquella región*

*clamaba, diciéndole: ¡Señor¡, ¡Hijo de David, ten misericordia de mí! Mi hija es gravemente atormentada por un demonio. Pero Jesús no le respondió palabra. Entonces acercándose sus discípulos, le rogaron, diciendo: Despídela, pues da voces tras nosotros. Él respondiendo, dijo: No soy enviado sino a las ovejas perdidas de la casa de Israel. Entonces ella vino y se postró ante él, diciendo: ¡Señor, socórreme! Respondiendo él, dijo: No está bien tomar el pan de los hijos, y echarlo a los perrillos. Y ella dijo: Sí, Señor; pero aun los perrillos comen de las migajas que caen de la mesa de sus amos. Entonces respondiendo Jesús, dijo: Oh mujer, grande es tu fe; hágase contigo como quieres. Y su hija fue sanada desde aquella hora" (Mateo 15:21-28).*

La fe se activa cuando me humillo, como se evidencia en el relato de Mateo 15:21-28. Jesús, después de ir a la región de Tiro y de Sidón, es abordado por una mujer cananea que clama por la curación de su hija poseída por un demonio. Inicialmente, Jesús no responde a sus súplicas, y los discípulos le aconsejan que la despida. Sin embargo, ella persiste, se humilla y se postra ante Jesús, reconociendo su condición y clamando por socorro.

Aunque Jesús le menciona que su misión está dirigida a las ovejas perdidas de Israel, ella persevera, expresando su fe incluso cuando se compara con los perrillos que comen las migajas de la mesa de sus amos. La respuesta de Jesús elogia su gran fe y concede la sanidad a su hija. Este relato subraya que la fe se activa cuando, a pesar de los obstáculos y las aparentes limitaciones, nos humillamos, perseveramos y confiamos en la provisión divina.

## LA FE SE ACTIVA CUANDO ESCUCHO LAS MARAVILLAS DE DIOS

Rahab, la ramera, fue un claro ejemplo de fe que se activa y produce salvación:

*"Antes que ellos se durmiesen, ella subió al terrado, y les dijo: Sé que Jehová os ha dado esta tierra; porque el temor de vosotros ha caído sobre nosotros, y todos los moradores del país ya han desmayado por causa de vosotros. Porque hemos oído que Jehová hizo secar las aguas del Mar Rojo delante de vosotros cuando salisteis de Egipto, y lo que habéis hecho a los dos reyes de los amorreos que estaban al otro lado del Jordán, a Sehón y a Og, a los cuales habéis destruido. Oyendo esto, ha desmayado nuestro corazón; ni ha quedado más aliento en hombre alguno por causa de vosotros, porque Jehová vuestro Dios es Dios arriba en los cielos y abajo en la tierra. Os ruego pues, ahora, que me juréis por Jehová, que como he hecho misericordia con vosotros, así la haréis vosotros con la casa de mi padre, de lo cual me daréis una señal segura; y que salvaréis la vida a mi padre y a mi madre, a mis hermanos y hermanas, y a todo lo que es suyo; y que libraréis nuestras vidas de la muerte. Ellos le respondieron: Nuestra vida responderá por la vuestra, si no denunciareis este asunto nuestro; y cuando Jehová nos haya dado la tierra, nosotros haremos contigo misericordia y verdad. Entonces ella los hizo descender con una cuerda por la ventana; porque su casa estaba en el muro de la ciudad, y ella vivía en el muro"* (Josué 2:8-15).

La fe de esta mujer es elogiada en el Nuevo Testamento tanto por el autor de los Hebreos como por Santiago, hermano del Señor:

*"Por la fe Rahab la ramera no pereció juntamente con los desobedientes, habiendo recibido a los espías en paz"* (Hebreos 11:31).

*"Asimismo también Rahab la ramera, ¿no fue justificada por obras, cuando recibió a los mensajeros y los envió por otro camino?"* (Santiago 2:25).

Lo que destaca verdaderamente de Rahab es su fe en el Dios todo poderoso. A pesar de ser una mujer con un pasado marcado por una vida desordenada, Dios la salvó y transformó, inmortalizando su nombre en las páginas sagradas del capítulo 11 de Hebreos. La fe tiene un poder increíble para cambiar por completo la vida de aquellos que se acercan a Dios con sinceridad. Rahab, siendo una cananea inmersa en una profunda degradación espiritual, estaba destinada a la destrucción de la ciudad de Jericó. Sin embargo, Dios la salvó y la reconoció como una de las heroínas de la fe. No solo eso, sino que se casó con uno de los príncipes y llegó a ser la tatarabuela del rey David, formando parte de la línea genealógica de nuestro salvador. Rahab dejó de ser una hija del infierno para convertirse en ciudadana del cielo, caminando ahora por las calles celestiales. ¿Qué la llevó a este cambio radical?

Rahab tuvo una cita divina y aprovechó esa oportunidad. Algunas personas ya están preparadas para recibir el mensaje divino, y a veces, compartirlo con ellas no representa un desafío, ya que sus corazones están listos para acoger la palabra de Dios. ¿Pero qué implica realmente tener una cita divina? Rahab, en el relato de Josué 2:1-4, se encuentra con el poder de la providencia de Dios.

Existen personas que, a pesar de tener un pasado cuestionable, son elegidas por la providencia divina. ¿Cómo puede una persona de mala vida transformarse en alguien de vida limpia? Dios utiliza su providencia divina para rescatar a esas personas, moviendo cielo y tierra para que reciban el mensaje de su Palabra. Este relato ejemplifica cómo Dios trabaja detrás de escena y cómo puede utilizar a otros para complementar el trabajo que ya está realizando en la vida de aquellos que han tenido una cita divina.

En las citas divinas, Dios orquesta encuentros significativos entre personas, manifestando así su providencia. Este patrón se repite en diversas situaciones bíblicas, como en el encuentro entre Felipe y el eunuco, o entre Cornelio y Pedro. La elección no es nuestra, sino que Dios nos elige primero, como se evidencia cuando el tesorero abre la puerta para el evangelio al leer las Escrituras sin entender, y Dios, moviendo a Felipe, lo trae a él. Lo mismo sucede con Cornelio, quien abre la puerta de la conversión para los gentiles, o la samaritana, que abre la puerta para Samaria, trayendo avivamiento a la ciudad.

Pablo conoce a Lidia junto al río, y este encuentro resulta en la apertura de la ciudad de Filipos al evangelio. En todas estas interacciones, Dios está obrando detrás del telón, utilizando a personas y circunstancias para cumplir su propósito divino. La idea de tener una cita divina revela el cuidado y la misericordia de Dios, quien ya nos ha visto en su infinita gracia, esperando el momento en que decidamos buscar la salvación.

## EL ESPÍRITU DE DIOS PUSO CONVICCIÓN EN EL CORAZÓN DE RAHAB

¿Cómo es que esa mujer pagana experimentó una profunda convicción? La respuesta se encuentra en el relato de Josué 2:9-10, donde al escuchar los relatos de las victorias que Dios había proporcionado, sintió un fuerte impacto. Este episodio plantea preguntas cruciales sobre lo que convence a la gente y cómo el Espíritu Santo obra en aquellos que buscan ser salvados.

La convicción puede surgir al observar la forma en que vivimos nuestras vidas. La visión de lo que Dios ha logrado en nosotros y en otros puede despertar la convicción en aquellos que buscan respuestas. La vida de un creyente debe reflejar algo diferente y revelar la presencia de Dios en su vida. ¿Qué distingue su vida de la de su vecino?

¿Qué hay en usted que solo puede entenderse si tiene a Dios en su vida?

La convicción no solo proviene de lo que decimos, sino de la evidencia visible de la transformación que Dios ha obrado en nosotros. Es esencial que, al compartir nuestra fe, nuestra vida sirva como testimonio convincente de la obra de Dios en nosotros. La sinceridad y la fe en permitir que Jesús transforme nuestras vidas son cruciales, ya que el cambio interior será evidente para todos. La pregunta clave es si otros ven algo diferente en la forma en que vivimos, hablamos y nos comportamos, y si nuestro testimonio es un llamado auténtico y creíble a seguir a Dios.

¿Cómo logró el Espíritu Santo infundir convicción en Rahab según Josué 2:1-4? La respuesta radica en que ella escuchó acerca de las maravillas que Dios había realizado, incluyendo la apertura del Mar Rojo y otros prodigios. Al enterarse de estas hazañas, Rahab reflexionó sobre la posibilidad de que Dios pudiera transformarla, limpiarla, cambiarla y salvarla. Esta comprensión fue lo que generó la convicción en su vida. Este episodio ilustra cómo el Espíritu Santo puede suscitar convicción mediante la revelación de la obra poderosa de Dios.

En otro contexto, como se muestra en Hechos 2:7, el Espíritu Santo también provocó convicción en las personas presentes cuando Pedro explicó los acontecimientos extraordinarios que estaban ocurriendo. La reacción de la audiencia fue de conmoción y una pregunta fundamental sobre qué debían hacer para participar en la maravilla que estaba sucediendo con ese grupo de personas.

En el caso específico de Rahab, lo que había escuchado, según Josué 2:11, la dejó impactada y sin aliento, reconociendo la grandeza de Jehová como el Dios sobre los cielos y la tierra. Su respuesta, expresada en el verso 21, fue un acuerdo con lo que había escuchado acerca de Dios. Esta no fue simplemente una conversación casual, sino la recepción y asimilación del mensaje del Dios todopoderoso.

## LOS MENSAJEROS

*"Asimismo también Rahab la ramera, ¿no fue justificada por obras, cuando recibió a los mensajeros y los envió por otro camino?"* (Santiago 2:25).

El pasaje en Santiago 2:25 destaca la justificación de Rahab, la prostituta, por sus obras al recibir y enviar a los mensajeros de la Palabra de Dios, no simplemente llamándolos espías. Este detalle resalta la importancia de recibir el mensaje divino para tener fe genuina, ya que la fe sin la Palabra de Dios carece de fundamento.

Rahab enfrentó tres elementos clave en su encuentro con la verdad divina. En primer lugar, recibió la visita de los mensajeros de Dios, lo que desencadenó su confrontación con la realidad espiritual. En segundo lugar, experimentó la convicción del Espíritu Santo, un elemento esencial para despertar la fe en el corazón humano. Finalmente, Rahab se encontró con la confirmación de la Palabra de Dios, lo que le proporcionó la base necesaria para creer.

Estos aspectos subrayan la conexión entre la fe y la Palabra de Dios, destacando cómo Rahab fue justificada por sus obras al abrazar y responder a la verdad divina que recibió.

## EL CORDÓN DE GRANA

El simbolismo del cordón de grana en la historia bíblica representa la sangre de nuestro Señor Jesucristo. Este cordón funcionaba como una señal de salvación durante la noche de la destrucción, siendo un medio por el cual los habitantes eran librados del juicio venidero.

Aunque no había cordero para el sacrificio, el cordón de grana en la ventana manifestaba la fe de la familia en la sangre de Cristo, evitando que la destrucción tocara su hogar.

Este simbolismo se relaciona con los sacrificios bíblicos que apuntaban al Calvario y la sangre del Cordero de Dios. Jesús no solo nos libera de la destrucción inminente, sino también del juicio eterno. Su sacrificio transformador nos rescata no solo de las consecuencias terrenales del pecado, como se expone en Mateo 21:31, sino también del destino eterno en el infierno. La historia de Rahab, salvada por Dios, es un recordatorio de la capacidad del Señor para salvar incluso a aquellos considerados perdidos.

El mensaje central es la transformación interior que Jesús busca lograr en nosotros, como se destaca en 1 Corintios 6:9-11. Este pasaje subraya que, a pesar de los pecados pasados, aquellos que se arrepienten y buscan el perdón de Dios pueden ser lavados, santificados y justificados en el nombre del Señor Jesús, a través del Espíritu de nuestro Dios. Jesús no solo quiere liberarnos de la destrucción, sino también transformar nuestras vidas desde adentro hacia fuera.

¿Quién te condujo a los pies de Cristo? ¿Qué convicción has experimentado del poder de Dios? Reflexiona sobre tu respuesta al mensaje divino. ¿Está la sangre de Jesucristo presente en tu vida, señalando la remisión de tus pecados? Si no es así, hoy es el momento oportuno para recibir a Jesús como tu salvador personal. ¿Estás dispuesto a hacerlo hoy?

## CÓMO TENER UNA FE GRANDE

Quizás te preguntes qué puedes hacer para cultivar una fe grande, cuáles son los secretos, los ingredientes, los principios que debes aprender para fortalecer tu fe. En cierta ocasión, Jesús abordó la importancia de la fe y cómo puede influir en los resultados (Mateo 17:19-21).

Cuando los discípulos le preguntaron por qué no pudieron expulsar a un demonio, Jesús les explicó que era debido a su poca fe. Les enseñó que incluso una fe del tamaño de un grano de mostaza podría mover montañas, pero requeriría oración y ayuno.

## COMO DEFINIÓ JESÚS UNA FE GRANDE

El estándar de Jesús para lo que considera una fe grande difiere significativamente de lo que muchos asumen acerca de esta fe. Jesús evaluaba la fe observando cómo aquellos que acudían a Él buscando respuestas a sus necesidades se enfrentaban a sus circunstancias.

Lo que Jesús admiraba no eran las metas grandiosas o los números a alcanzar, sino la fe que mostraban al confiar en lo que no podían resolver por sí mismos.

En contraste con la creencia común que una fe grande depende del tamaño de tus metas, Jesús destaca que la grandeza de la fe se encuentra en la actitud que tienes en medio de las circunstancias. No es impresionado por grandes proyectos o cifras millonarias, sino por la manera en que enfrentas las dificultades y sigues creyendo incluso cuando las cosas se vuelven difíciles.

La verdadera grandeza de la fe radica en la confianza que mantienes en medio de las adversidades. Por lo tanto, la fe no se define por las metas o proyectos ambiciosos, sino por la postura y actitud que adoptas en medio de las dificultades.

Jesús enseña cómo desatar al máximo tu potencial y cuál es el estándar para alcanzar lo que Él considera una fe grande. Mientras que para el mundo la grandeza suele asociarse con la fama y el dinero, Jesús ofrece una perspectiva diferente.

Aunque la fama no es inherentemente mala, Jesús mismo se volvió famoso, como se registra en Lucas 4:37, donde se habla sobre cómo la fama de Jesús se extendió rápidamente por todas las ciudades y regiones de Israel.

A pesar de que Jesús buscaba mantener un perfil bajo y humilde, sus enseñanzas y sanaciones no pasaban desapercibidas para la gente. Así, la pregunta clave es:

¿Qué es lo que realmente hace que una fe sea grande según Jesús?

## UNA FE GRANDE VENCE LOS OBSTÁCULOS

*"Entonces respondiendo Jesús, dijo: Oh mujer, grande es tu fe; hágase contigo como quieres. Y su hija fue sanada desde aquella hora"* (Mateo 15:21).

Venció el silencio de Jesús al enfrentarse a su ausencia de respuesta. A pesar de que Jesús no le dirigió palabra, la mujer persistió ante el silencio y la aparente indiferencia. A continuación, superó el rechazo, ya que los discípulos instaron a Jesús a despedirla debido a su insistencia.

La mujer enfrentó el rechazo y la falta de atención, demostrando tenacidad al no dejarse vencer por estas circunstancias. Finalmente, venció la preferencia, ya que Jesús le señaló que su misión estaba dirigida a las ovejas perdidas de la casa de Israel.

A pesar de ello, la mujer, con gran fe, interrumpió el programa establecido por el Señor, solicitando que se hiciera conforme a su deseo. Su fe trascendió los límites del programa profético de Jesús, diseñado para las ovejas perdidas de Israel, logrando que Jesús se apartara momentáneamente de dicho programa para atender su necesidad.

## UNA FE GRANDE RESISTE LA PRUEBA

*"En lo cual vosotros os alegráis, aunque ahora por un poco de tiempo, si es necesario, tengáis que ser afligidos en diversas pruebas, para que sometida a prueba vuestra fe, mucho más preciosa que el oro, el cual, aunque perecedero se prueba con fuego, sea hallada en alabanza, gloria y honra cuando sea manifestado Jesucristo"* (1 Pedro 1:6-7).

Aquellas personas que superan las pruebas demuestran tener una fe robusta. Las pruebas, lejos de ser obstáculos, contribuyen a refinar, pulir y preparar la fe.

Aunque muchos sientan la tentación de rendirse antes de tiempo, pensando que el futuro carece de esperanza, es fundamental resistir y llenarse de valor.

Continuar creyendo, incluso cuando las circunstancias parecen incomprensibles, es esencial para el crecimiento personal. Mantener la confianza en Dios, aún en la ausencia de respuestas, aferrarse a las convicciones y ser fiel a los compromisos son actitudes cruciales.

Persistir cuando la tentación de rendirse es fuerte puede conducir a un cambio sobrenatural. Es importante recordar que las pruebas no son eternas; tienen una salida.

La Palabra nos asegura que, con cada prueba, también se proporciona una salida. Este principio revela que las pruebas no son para toda la vida, y al trabajar en fortalecer la fe, Dios abrirá un camino para superar los desafíos de la vida.

## UNA FE GRANDE APLICA LO QUE SABE

Aplicar lo que has aprendido es crucial. En 2 Reyes 2, vemos la pregunta "¿Dónde está Jehová, el Dios de Elías?" y nos lleva a reflexionar sobre si realmente aplicamos todo lo que sabemos. Cuando enfrentaron la situación crítica de un niño enfermo, recurrieron a la enseñanza del maestro y aplicaron lo aprendido: se tendieron sobre el niño y oraron, solicitando que le devolvieran la vida. Este acto demostró su parecido con el Señor.

Más allá de simplemente conocer la Palabra, es esencial aplicarla. Algunas personas pueden tener un amplio conocimiento bíblico, pero si fallan en la aplicación práctica cuando llegan las pruebas, esa Palabra no tiene raíces profundas. En momentos de aflicción, si no aplican la Palabra, tropezarán, revelando una fe de corta duración.

El simple conocimiento de la Palabra no garantiza la victoria; la verdadera garantía radica en saber y aplicar esa Palabra en la vida diaria. Satanás, a pesar de conocer la Biblia, falla en la práctica al no aplicarla en su vida, mostrando así su debilidad en la aplicación práctica de la verdad que conoce.

## UNA FE GRANDE PIDE AYUDA A JESÚS

*"Jesús le dijo: Si puedes creer, al que cree todo le es posible. E inmediatamente el padre del muchacho clamó y dijo: Creo; ayuda mi incredulidad. ¿Crees que puedo hacerlo?, sí creo, ayuda mi incredulidad. Al que cree todo le es posible"* (Marcos 9:24).

*"Pasando Jesús de allí, le siguieron dos ciegos, dando voces y diciendo: ¡Ten misericordia de nosotros, Hijo de David! Y llegado a la casa, vinieron a él los ciegos; y Jesús les dijo: ¿Creéis que puedo hacer esto? Ellos dijeron: Sí, Señor. Entonces les tocó los ojos, diciendo: Conforme a vuestra fe os sea hecho. Y los ojos de ellos fueron abiertos. Y Jesús les encargó rigurosamente, diciendo: Mirad que nadie lo sepa. Pero salidos ellos, divulgaron la fama de él por toda aquella tierra" (Mateo 9:28-31).*

Marcos 9:24 y Mateo 9:28-31 son pasajes bíblicos que nos enseñan sobre la fe y cómo acudir a Jesús en busca de ayuda. En Marcos 9:24, un padre angustiado busca la ayuda de Jesús para su hijo que está poseído por un espíritu maligno. Este hombre clama a Jesús diciendo: "Creo; ayuda mi incredulidad". Aquí, la fe del padre es evidente, pero también reconoce la lucha interna entre su creencia y su falta de fe. La enseñanza clave es que incluso cuando enfrentamos dudas o debilidades en nuestra fe, podemos acudir a Jesús y pedirle que fortalezca nuestra fe. La disposición de buscar ayuda revela la importancia de la relación personal con Jesús en el proceso de fortalecimiento de la fe.

En Mateo 9:28-31, dos ciegos buscan a Jesús y le piden misericordia para recuperar la vista. Jesús les pregunta si creen que él puede hacerlo, y responden afirmativamente. Entonces Jesús, viendo su fe, toca sus ojos y les restaura la vista. Este pasaje destaca la conexión entre la fe y la capacidad de recibir el poder sanador de Jesús. La lección aquí es que la fe activa es un elemento vital para experimentar el poder transformador de Jesús en nuestras vidas.

Ambos pasajes enfatizan la importancia de acudir a Jesús con fe, incluso en medio de nuestras dudas o limitaciones. La fe no tiene que ser perfecta; es la disposición de confiar en Jesús y buscar su ayuda lo que marca la diferencia. Estos relatos nos animan a clamar a Jesús en nuestras dificultades, confiar en su poder y estar abiertos a la obra transformadora que solo él puede realizar.

## UNA FE GRANDE VIVE SUS PROPIAS EXPERIENCIAS CON DIOS

*"Porque no os hemos dado a conocer el poder y la venida de nuestro Señor Jesucristo siguiendo fábulas artificiosas, sino como habiendo visto con nuestros propios ojos su majestad. Pues cuando él recibió de Dios Padre honra y gloria, le fue enviada desde la magnífica gloria una voz que decía: Este es mi Hijo amado, en el cual tengo complacencia. Y nosotros oímos esta voz enviada del cielo, cuando estábamos con él en el monte santo"* (2 Pedro 1:16-18).

Debes tener tus propias vivencias con Dios, experiencias que nadie más te contó ni aprendiste de otro (Hechos 4:20). No podemos dejar de comunicar lo que hemos visto y oído (1 Juan 1:3), compartiendo para que también otros tengan comunión con nosotros, y nuestra comunión sea con el Padre y con su Hijo Jesucristo (Hechos 4:20).

Tus propias experiencias con Dios aumentan tu fe, ya que son vivencias que has experimentado personalmente y no aprendiste de nadie más. Hay cosas que solo tú has experimentado, y nadie puede contártelas, como lo expresó Pedro al referirse a la visión del monte donde vieron la gloria de Dios, la imagen misma de su sustancia.

## UNA FE GRANDE ESTA CERCA DE HOMBRES DE FE

Eliseo realizó más milagros que Elías porque estuvo cerca del hombre de Dios, como lo expresó al preguntar: "¿Dónde está Jehová, el Dios de Elías?" Su fe se nutría al vivir cerca del hombre de Dios. Jessy fue reemplazado por Eliseo, quien sirvió a Elías y, al estar cerca de un hombre de fe, se convirtió en un hombre de fe.

Lo mismo ocurre con algunos predicadores, quienes, al estar cerca de figuras de fe adoptan su misma fe. Esta dinámica también se refleja en aquellos que estuvieron cerca de Jesús y se moldearon a su semejanza, como se observa en los (Hechos 4:13) Entonces viendo el denuedo de Pedro y de Juan, y sabiendo que eran hombres sin letras y del vulgo, se maravillaban; y les reconocían que habían estado con Jesús.

## UNA FE GRANDE OYE LA PALABRA

*"Así que la fe es por el oír, y el oír, por la palabra de Dios"* (RV 1960). *"Así que la fe viene por el oír, el oír por la Palabra de Dios"* (NVI) (Romanos 10:17).

Una fe grande se obtiene al oír la Palabra de Dios, como se menciona en Romanos 10:17. La conexión entre más Palabra y más fe es fundamental, ya que el Espíritu Santo utiliza lo que conoces y has estudiado. Sin la Palabra, tu fe se ve limitada. Al oír con fe, tu confianza se incrementa. Estudiar las vidas de los héroes de la fe también enriquece tu conexión con la Palabra de Dios y fortalece tu fe.

## UNA FE GRANDE VIVE UNA VIDA DE ORACIÓN

*"Viniendo entonces los discípulos a Jesús, aparte dijeron: ¿Por qué nosotros no pudimos echarlo fuera? Jesús les dijo: Por vuestra poca fe; porque de cierto os digo, que, si tuviereis fe como un grano de mostaza, diréis a este monte: Pásate de aquí allá, y se pasará; y nada os será imposible. Pero este género no sale sino con oración y ayuno"* (Mateo 17:19-21).

El pasaje de Mateo 17:19-21 dcstaca la importancia de la fe, indicando que la poca fe se supera con la combinación de ayuno y oración. Este mensaje resuena en mi vida, enfatizando que una fe más sólida se desarrolla al tener una vida dedicada a la oración y al ayuno. El texto sugiere que la falta de fe puede deberse a la falta de dedicación.

Hay momentos en los que Dios nos llama a consagrarnos para ciertos propósitos, recordándonos que estos periodos de dedicación son esenciales. En Hechos 4:31 vemos cómo la oración y la dedicación recargan el espíritu. En mi oración, pido a Dios que me ayude a creer, obedecer, dar, persistir, agradecer y confiar en el nombre de Jesús.

## COMO AUMENTA MI FE

*"Dijeron los apóstoles al Señor: Auméntanos la fe. Entonces el Señor dijo: Si tuvierais fe como un grano de mostaza, podríais decir a este sicómoro: Desarráigate, y plántate en el mar; y os obedecería"* (Lucas 17:5-6).

Los discípulos pidieron al Señor que aumentara su fe por varias razones. En primer lugar, observaron cómo Jesús resolvía lo imposible, reconociendo que para Dios todas las cosas son posibles (Marcos 10:27). Además, entendieron que sin fe es imposible agradar a Dios y reconocieron la importancia de la fe en la realización de grandes obras (Lucas 17:5; Hebreos 11:6). También comprendieron que las cosas suceden de acuerdo con la fe y que Dios actúa según esta (Mateo 9:29; Colosenses 2:7). Por último, solicitaron un aumento en la fe para poder ver la gloria de Dios, entendiendo que creer es un requisito fundamental para presenciar los milagros divinos (Juan 11:40). Estas razones revelan la conexión directa entre la fe y la capacidad de experimentar la intervención y la gloria de Dios en sus vidas.

## ¿CÓMO DIOS AUMENTA TU FE?

En la Biblia, encuentro diversas formas en las que Dios aumenta mi fe. Primero, Dios fortalece la fe a través de la exposición a su Palabra, ya que la fe viene por escuchar la Palabra de Dios (Romanos 10:17). La lectura y la meditación en las Escrituras generan crecimiento en la fe, como lo expresó Jeremías al encontrar gozo en la Palabra de Dios (Jeremías 15:16). Además, Dios incrementa la fe mediante las pruebas y tribulaciones, según se destaca en 1 Pedro 1:6-9. Aunque las pruebas pueden resultar difíciles, tienen el propósito de someter a prueba nuestra fe, haciéndola más valiosa que el oro purificado por el fuego. Estas experiencias, como la pandemia del COVID-19 en el año 2020, pueden ser instrumentos para fortalecer nuestra confianza en Dios, impulsándonos a actuar y creer más firmemente en Él.

Dios fortalece tu fe al enfrentar grandes desafíos. Josué 1:9 nos anima a ser fuertes y valientes ante los desafíos, recordando que Dios estará con nosotros en todo momento. Los problemas que enfrentamos son oportunidades para utilizar la fe que Dios nos ha dado. La magnitud del problema refleja la medida de nuestra fe; así como David venció a Goliat con fe, los problemas grandes son superados por aquellos con una fe grande. Los desafíos son oportunidades para demostrar y aumentar nuestra fe.

Además, Dios también aumenta nuestra fe al hablarnos a través de sueños y visiones. Estos sueños no son simples ideas, sino visiones divinas que Dios coloca en nuestro espíritu. Es responsabilidad nuestra hacer realidad los sueños que Dios nos ha dado. La fe se aplica a nuestros sueños y visiones, y Dios nos provee de la medida de fe necesaria.

Sin embargo, a menudo no utilizamos plenamente la fe que Dios nos ha dado. Debemos ser conscientes que Dios nos pedirá cuentas de lo que hizo con la fe y los sueños que nos entregó. Así como en la parábola de los talentos, Dios espera que utilicemos lo que nos ha dado para su gloria y nuestro crecimiento (Mateo 25:14-30).

¿Cómo sabemos si un sueño proviene de Dios? La alineación del sueño con los principios bíblicos y la dirección del Espíritu Santo son señales de su origen divino. El sueño que tienes debe ir más allá de tus propios intereses y beneficiar a otros, ya que los sueños de Dios siempre tienen un propósito altruista. La historia de José es un ejemplo de sueños que involucran a otras personas y cumplen un propósito divino en la vida de ellas y de José mismo.

Además, los sueños de Dios no pueden ser realizados solo con esfuerzos humanos; se necesita la intervención divina y la fe en Dios para llevarlos a cabo. Al recibir un sueño de Dios, debes confiar en la ayuda divina y depender de Él para superar los desafíos que se presenten. Necesitarás fe para dar el paso necesario, incluso cuando enfrentes miedos y temores. Toda decisión importante requiere una dosis de fe, y es esencial obedecer lo que Dios te ha pedido, incluso cuando sientes temor.

Es importante entender que Dios no responde necesariamente a nuestras quejas y preocupaciones; en cambio, se mueve en respuesta a nuestra fe. En lugar de enfocarte en las dificultades, confía en Dios y permite que tu fe lo mueva a actuar en tu vida. La historia de la mujer mencionada en Mateo 15:21 resalta cómo su fe movió el corazón de Jesús.

*En conclusión, este tema nos invita a reflexionar sobre cómo hemos aplicado la fe en nuestras vidas, especialmente en situaciones desafiantes. Escuchar la Palabra de Dios y tener sueños alineados con su propósito contribuyen a fortalecer nuestra fe.*

CAPÍTULO

# NUEVE

# LOS CUATRO ENEMIGOS DE LA FE

Cuando quieres ser persona de fe te enfrentaras a cuatro enemigos de la fe que tiene que vencer. La fe viva es esencial para el crecimiento de nuestra relación con Dios, pero la Biblia nos habla de enemigos peligrosos que atacan nuestra vida de fe.

Destacamos:

## 1. LA PREOCUPACIÓN

*"Por eso yo les digo: No anden preocupados por su vida con problemas de alimentos, ni por su cuerpo con problemas de ropa. ¿No es más importante la vida que el alimento y más valioso el cuerpo que la ropa?"* (Mateo 6:25-34).

Este pasaje habla de cinco cosas que hace que nos preocupemos y también cuáles son las herramientas que Dios da para no hacerlo.

a. **Versos 25-26.** Por eso yo les digo: No anden preocupados por su vida con problemas de alimentos, ni por su cuerpo con problemas de ropa. ¿No es más importante la vida que el alimento y más valioso el cuerpo que la ropa? Fíjense en las aves del cielo: no siembran, ni cosechan, no guardan alimentos en graneros, y sin embargo el Padre del Cielo, el Padre de ustedes, las alimenta. ¿No valen ustedes mucho más que las aves?

b. **Verso 27.** ¿Quién de ustedes, por más que se preocupe, puede añadir algo a su estatura?

c. **Versos 28-30.** Y ¿por qué se preocupan tanto por la ropa? Miren cómo crecen las flores del campo, y no trabajan ni tejen. Pero yo les digo que ni Salomón, con todo su lujo, se pudo vestir como una de ellas. Y si Dios viste así el pasto del campo, que hoy brota y mañana se echa al fuego, ¿no hará mucho más por ustedes? ¡Qué poca fe tienen!

d. **Versos 31-33.** No anden tan preocupados ni digan: ¿tendremos alimentos? o ¿qué beberemos? o ¿tendremos ropas para vestirnos? Los que no conocen a Dios se afanan por esas cosas, pero el Padre del Cielo, de ustedes, sabe que necesitan todo eso. Por lo tanto, busquen primero el Reino y la Justicia de Dios, y se les darán también todas esas cosas.

e. **Verso 34.** No se preocupen por el día de mañana, pues el mañana se preocupará por sí mismo. A cada día le bastan sus problemas.

La preocupación es falta de confianza en Dios. Jesús nos dice que todos aquellos que se preocupan tienen poca fe. ¿Por qué Él diría algo así? ¿Por qué la preocupación es un enemigo de la fe? Él mismo lo explica en los siguientes versículos.

El requisito número uno para agradar a Dios es tener fe. El autor del libro de Hebreos fue inspirado para dedicarle un capítulo entero al tema de la fe (Hebreos 11), y declaró categóricamente que sin la fe nadie puede agradar a Dios (v. 6).

Debería ser obvio entonces, que tener fe es crucial para la relación de cada uno de nosotros con Dios, además del crecimiento espiritual individual.

*"Y si la hierba del campo que hoy es, y mañana se echa en el horno, Dios la viste así, ¿no hará mucho más a vosotros, hombres de poca fe?"* (Mateo 6:30).

*"No os preocupéis, pues, diciendo: ¿Qué comeremos, o qué beberemos, o qué vestiremos? Porque los gentiles buscan todas estas cosas; pero vuestro Padre celestial sabe que tenéis necesidad de todas estas cosas"* (Mateo 6:31-32).

Dios conoce nuestras necesidades y si Él se comprometió a proveernos, ¿por qué habríamos de preocuparnos y temer? Si confiamos en que Dios nos va a proveer para nuestras necesidades entonces debemos permitir que lo haga en el momento y de la manera que Él disponga. No es necesario que quedemos atrapados en un estilo de vida llenos de preocupaciones. El problema está en que no dejamos que Él disponga.

## Las encuestas de la preocupación y sus efectos

Hay muchos estudios que se han hecho acerca de la preocupación, y trae dos aliados: el estrés y la ansiedad. Sus efectos en nuestra salud y estado mental están bien documentados. Uno de estos artículos fue publicado hace algunos años en la revista Psychology Today [Sicología de hoy]:

> "La ansiedad es parte del paquete de la vida. Es el resultado colateral de tener un cerebro que es capaz de hacer cosas tan arriesgadas como analizar el futuro. Un poco de ansiedad es buena, incluso necesaria, y un gran motivador para que planeemos bien y nos desempeñemos hábilmente. Pero demasiada ansiedad puede inhabilitar".

> "Para millones de personas, la preocupación perturba la vida cotidiana, restringiéndola de alguna manera o incluso anulándola completamente. Aproximadamente un 15 % de los norteamericanos sufren de algún tipo de trastorno de ansiedad. Estos incluyen ansiedad en general, fobias específicas, trastorno obsesivo compulsivo y ataques de pánico. Como grupo, los trastornos de ansiedad constituyen el trastorno más común en el país". Tomado de: Cuando la preocupación toma el control, Psychology Today [Sicología de hoy]).

## ¿Qué podemos hacer cuando nos preocupamos?

Es fácil ver cómo un estilo de vida lleno de preocupaciones puede anular la fe, teniendo en cuenta lo que acabamos de leer. La preocupación es directamente interna. Los acontecimientos externos pueden ser detonantes que nos traen preocupaciones. Sin embargo, nuestra preocupación puede hacer que tomemos alguna acción en contra de algo o de alguien y esas acciones pueden tener serias repercusiones.

La preocupación o el pensamiento ansioso es algo que nos afecta personalmente y también afecta nuestra relación con Dios y con otros seres humanos. Solo podemos hacer algo al respecto. ¿Qué podemos hacer?

Jesús nos dijo: *"No os afanéis"* (Mateo 6:34). En la mayoría de los casos es más fácil decirlo que hacerlo, pero aquí hay algunos consejos valiosos.

- **Hablar con Dios.** Si vemos que nos empezamos a preocupar por algo, debemos orarle a Dios y pedirle que nos ayuda a cambiar nuestros pensamientos por unos que sean más positivos y que nos quite la ansiedad. Incluso si es una oración corta mientras vamos en camino hacia nuestro trabajo o mientras estamos almorzando, si estamos buscando agradarle, Él nos va a escuchar y nos va a responder. Debemos confiar en Él y tener fe en su poder y en el hecho de que Él nos tiene presentes siempre.

- **Poner en práctica lo aprendido.** Lea y estudie pasajes en la Biblia que hablen acerca de las preocupaciones, de la ansiedad y de la fe. Los Salmos y los Proverbios contienen muchos versículos prácticos e inspiradores. Podemos ir delante de Dios con el libro abierto y pedirle que nos muestre que estudiar. Pídale ayuda para poner en práctica lo que aprende en las Escrituras y así poder eliminar la ansiedad, la preocupación y el estrés de su mente y de su corazón.

- **Mirar a largo plazo**. Un experto en la materia ofrece este sabio consejo acerca de poner las cosas en perspectiva: Imagine que cualquiera que sea la circunstancia que usted está enfrentado no está sucediendo ahora si no un año más tarde. Después pregúntese así mismo, ¿Tiene esta situación la importancia que yo le estoy dando? Muy rara vez puede que sea así — pero la gran mayoría de las veces no lo es. Ya sea una discusión con su pareja, hijo, jefe, un error, una oportunidad perdida, la billetera perdida, un rechazo laboral, un tobillo torcido, las probabilidades son que dentro de un año a usted no le va a importar. Será un detalle irrelevante más en su vida" (Richard Carlson, Ph.D, No te preocupes por las cosas pequeñas... y son todas cosas pequeñas, p. 45). Nosotros nos preocupamos a las cosas que no están sucediendo todavía.

Dejar la preocupación no es fácil y no lo será si ha sido un problema que ha venido creciendo durante mucho tiempo; pero puede ser una de nuestras metas diarias no dejarnos llevar por la preocupación y más bien enfocarnos en el amor y el cuidado que Dios tiene por nosotros.

¡Así como la preocupación es un enemigo de la fe! ¡la fe, la moneda de Dios es un enemigo de la preocupación! Si usted quiere, lo vence hoy en el nombre de Jesús.

## 2. EL RAZONAMIENTO

El segundo enemigo de la fe al cual debemos vigilar es el razonamiento.

¿Qué es el razonamiento? Es ver las cosas desde una perspectiva humana —dejar a Dios fuera del panorama consciente o inconscientemente—. Es tratar de entender las cosas espirituales con la razón, por nuestra cuenta. Es ver las pruebas que se nos presentan en la vida sólo con nuestros sentidos físicos sin “ver” la mano de Dios en el asunto. Incluso, el razonamiento humano puede hacernos pensar que Dios ve las cosas de la misma forma que nosotros la vemos. La razón es buena, si no, no tuviéramos universidades. Sin el razonamiento seríamos como animales. Pero cuando se trata de la fe, el razonamiento hay que hacerlo a un lado, porque la fe no funciona con razonamiento, la razón no cabe en los asuntos de la fe.

El razonamiento se expresa así:

- **Números 13:30-33.** Vimos allí también a los gigantes (los hijos de Anac son parte de {la raza de} los gigantes); y a nosotros nos pareció que éramos como langostas; y así parecíamos ante sus ojos.

- **2 Reyes 5:12-14.** Abana y Farfar, ríos de Damasco, ¿no son mejores que todas las aguas de Israel? Si me lavare en ellos, ¿no seré también limpio? Y se volvió, y se fue enojado. Mas sus criados se le acercaron y le hablaron diciendo: Padre mío, si el profeta te mandara alguna gran cosa, ¿no la harías? ¿Cuánto más, diciéndote: ¿Lávate, y serás limpio? Él entonces descendió, y se zambulló siete veces en el Jordán, conforme a la palabra del varón de Dios; y su carne se volvió como la carne de un niño, y quedó limpio.

- **2 Reyes 7:1-5.** Dijo entonces Eliseo: Oíd palabra de Jehová: Así dijo Jehová: Mañana a estas horas valdrá el seah de flor de harina un siclo, y dos seahs de cebada un siclo, a la puerta de Samaria. Y un príncipe sobre cuyo brazo el rey se apoyaba, respondió al varón de Dios, y dijo: Si Jehová hiciese ahora ventanas en el cielo, ¿sería esto así? Y él dijo: He aquí tú lo verás con tus ojos, mas no comerás de ello.

- **Juan 6:7-9.** Felipe le respondió: Doscientos denarios de pan no bastarían para que cada uno de ellos tomase un poco. Uno de sus discípulos, Andrés, hermano de Simón Pedro, le dijo: Aquí está un muchacho, que tiene cinco panes de cebada y dos pececillos; mas ¿qué es esto para tantos?

- **Mateo 16:5-11.** Y entendiéndolo Jesús, les dijo: ¿Por qué pensáis dentro de vosotros, hombres de poca fe, que no tenéis pan? ¿No entendéis aún, ni os acordáis de los cinco panes entre cinco mil hombres, y cuántas cestas recogisteis? ¿Ni de los siete panes entre cuatro mil, y cuántas canastas recogisteis? ¿Cómo es que no entendéis que no fue por el pan que os dije que os guardaseis de la levadura de los fariseos y de los saduceos?" Ellos pensaban dentro de sí, diciendo: Esto dice porque no trajimos pan. Y entendiéndolo Jesús, les dijo: ¿Por qué pensáis dentro de vosotros, hombres de poca fe, que no tenéis pan? ¿No entendéis aún, ni os acordáis de los cinco panes entre cinco mil hombres, y cuántas cestas recogisteis? ¿Ni de los siete panes entre cuatro mil, y cuántas canastas recogisteis? ¿Cómo es que no entendéis que no fue por el pan que os dije que os guardaseis de la levadura de los fariseos y de los saduceos?".

Los fariseos, los saduceos y los escribas en la época de Jesús eran reconocidos por usar el razonamiento en lugar de explorar la evidencia y creer en lo que Dios les estaba mostrando.

### La fe va por encima de la razón

- **Marcos 8:14-21**. Habían olvidado de traer pan, y no tenían sino un pan consigo en la barca. Y él les mandó, diciendo: Mirad, guardaos de la levadura de los fariseos, y de la levadura de Herodes. Y discutían entre sí, diciendo: Es porque no trajimos pan. Y entendiéndolo Jesús, les dijo: ¿Qué discutís, porque no tenéis pan?

  ¿No entendéis ni comprendéis? ¿Aún tenéis endurecido vuestro corazón? ¿Teniendo ojos no veis, y teniendo oídos no oís? ¿Y no recordáis? Cuando partí los cinco panes entre cinco mil, ¿cuántas cestas llenas de los pedazos recogisteis? Y ellos dijeron: Doce. Y cuando los siete panes entre cuatro mil, ¿cuántas canastas llenas de los pedazos recogisteis? Y ellos dijeron: Siete. Y les dijo: ¿Cómo aún no entendéis?

- **Mateo 16:7-9.** Ellos pensaban dentro de sí, diciendo: Esto dice porque no trajimos pan. Y entendiéndolo Jesús, les dijo: ¿Por qué pensáis dentro de vosotros, hombres de poca fe, que no tenéis pan? Porque pensáis dentro de vosotros aún faltan cuatro meses para que llegue la siega, pero miren ahora los campos ya están blancos para la siega. ¿No comprenden que después de haber estado tanto tiempo con vosotros, todavía ignoran mi poder y bondad? Recuerden lo de los cinco panes para los cinco mil, también recuerden lo de los cuatro mil y las canastas que sobraron.

Y entendiéndolo Jesús, les dijo: ¿Por qué pensáis dentro de vosotros, hombres de poca fe, que no tenéis pan? ¿No entendéis aún, ni os acordáis de los cinco panes entre cinco mil hombres, y cuántas cestas recogisteis? ¿Ni de los siete panes entre cuatro mil, y cuántas canastas recogisteis? ¿Cómo es que no entendéis que no fue por el pan que os dije que os guardaseis de la levadura de los fariseos y de los saduceos? Por usar la razón en los asuntos de la fe muchos se han perdido grandes bendiciones.

En este caso, los discípulos no habían traído nada para comer. Probablemente estaban hambrientos y se sentían culpables porque habían olvidado comprar pan. Cuando Jesús les advirtió acerca de la levadura de los fariseos y saduceos, ellos asumieron que Él les estaba hablando acerca del pan para comer. Utilizaron el razonamiento para tratar de determinar que estaba hablando Cristo en lugar de preguntárselo a Él directamente.

Jesús tuvo que aclarar las cosas y mostrarles que Él estaba hablando acerca de algo mucho más profundo a nivel espiritual. Ya que Él había provisto el pan suficiente para alimentar a miles de personas, definitivamente Él no estaba pensando en comida física (como ellos si lo estaban).

Doscientos denarios de pan no bastarían para que coman estos. Aquí está un muchacho que tiene cinco panes y dos pececillos, ¿más que es esto para tantos? Desconfiar de Cristo e inquietar nuestra propia mente cuando estamos en apuros y dificultades, es una evidencia de la debilidad de nuestra fe.

- **Marcos 2:6-7.** "Estaban allí sentados algunos de los escribas, los cuales cavilaban en sus corazones: ¿Por qué habla éste así? Blasfemias dice. ¿Quién puede perdonar pecados, sino sólo Dios?" El razonamiento de los escribas se basaba en antiguas tradiciones e ideas humanas acerca de cómo sería el Mesías. En sus mentes, Cristo no podía ser Dios; por lo tanto, no podía perdonar a las personas. Se rehusaban a ver los hechos del ministerio de Jesús y admitir que sus tradiciones podían estar equivocadas.

En el Evangelio de Marcos está registrado un ejemplo clásico. Se trata de la curación de un paralítico por parte de Cristo mientras predicaba en Capernaum (Marcos 2:1-5). Cuando Jesús sanó a este hombre y le perdonó sus pecados los escribas que presenciaron el acontecimiento cuestionaron las acciones de Jesús.

*"Estaban allí sentados algunos de los escribas, los cuales cavilaban en sus corazones: ¿Por qué habla éste así?".* Usando el razonamiento diciendo que es imposible que Jesús perdone pecados, pero el razonamiento tiene lugar definitivamente en los asuntos seculares. Científicos, ingenieros y técnicos que usan el razonamiento para poder hacer su trabajo. El problema surge cuando se trata de la fe.

Cuando usamos el razonamiento humano en asuntos espirituales en lugar de acudir a Dios y a su palabra para encontrar la verdad y lo razonamos no podemos tener fe. Porque la fe depende de Dios, a quien no hemos visto. Sin el Espíritu Santo, la mente humana no puede comprender ese nivel de pensamiento. Por eso la fe es necesaria para poder creer en lo que Dios dice y hace.

*"Pasando por Anfípolis y Apolonia, llegaron a Tesalónica, donde había una sinagoga de los judíos. Y Pablo, como acostumbraba, fue a ellos, y por tres días de reposo discutió con ellos, declarando y exponiendo por medio de las Escrituras que Jesús era el Cristo..."* (Hechos 17:1-3).

Pablo no estaba discutiendo acerca de filosofías o ideas humanas. Él se basaba en una fuente sólida —la Palabra de Dios.

La lección para nosotros es no usar el razonamiento cuando se trata de la fe para tratar de explicar las escrituras. Recuerde que la Biblia se interpreta a sí misma. Se requiere de un estudio profundo y diligente para encontrar las respuestas a las preguntas que se planteen.

Éstas son las razones por la cuales el razonamiento humano también es un enemigo de la fe. Si confiamos en nuestro propio intelecto y suposiciones en lugar de permitir que Dios nos enseñe, no estamos ejerciendo nuestra fe.

## La fe ve más allá de los sentidos y de la razón

Ve más allá de la esfera humana. El limitado reino del razonamiento humano puede ser perjudicial para nuestra fe. En Mateo 16:5-12, vemos como se habían olvidado de traer pan, y habían escuchado a menudo a los doctores prohibir el uso de la levadura de los paganos y samaritanos, pensaron que Él les prohibía comprar pan a los panaderos de cualquiera de las sectas, para que no se hiciera con levadura impura, y por lo que consideraron el consejo como una reprimenda indirecta de su descuido. Cuando Jesús percibió lo que pensaban, les dijo: hombres de poca fe, ¿por qué razonáis? ¿Por qué estáis preocupados por esto? ¿Por qué tu negligencia en traer pan contigo ha de hacer que interpretes así mis palabras? La fe va por encima del razonamiento. Por ejemplo: estas pasado un por una calamidad y te digo que mañana se resuelve ese problema tú lo creerás. ¿Si o no? Eso paso en 2 Reyes 7:1-5. Se cumplió la Palabra, o no se cumplió. Dijo entonces Eliseo: Oíd palabra de Jehová: Así dijo Jehová: Mañana a estas horas valdrá el seah de flor de harina un siclo, y dos seahs de cebada un siclo, a la puerta de Samaria. Y un príncipe sobre cuyo brazo el rey se apoyaba, respondió al varón de Dios, y dijo: Si Jehová hiciese ahora ventanas en el cielo, ¿sería esto así? Y él dijo: He aquí tú lo verás con tus ojos, mas no comerás de ello. Aunque la situación era tan grave (6:29-33) el rey creía que todo estaba perdido (6:33). Esta profecía fue cumplida exactamente en 24 horas (versos 1 y 18). Otro ejemplo lo encontramos en (2 Reyes 5:9-14. ¿Abana y Farfar no son mejores que este río Jordán?

## 3. LA DUDA

El tercer enemigo de la fe del cual nos advierten las Sagradas Escrituras es la duda.

*"Pero al ver el fuerte viento, tuvo miedo; y comenzando a hundirse, dio voces, diciendo: ¡Señor, sálvame! Al momento Jesús, extendiendo la mano, asió de él, y le dijo: ¡Hombre de poca fe! ¿Por qué dudaste?"* (Mateo 14:30-31).

¿Qué es la duda? La duda hizo que Pedro se hundiera y puede menoscabar nuestra fe también.

Según un diccionario, la duda significa:

1. No estar seguro de algo; considerar algo cuestionable o improbable; vacilar en creer.

2. Desconfiar de algo o persona.

Muchas personas conocen la historia de Pedro caminando sobre el agua.

Después de haber obrado un milagro y alimentar a 5.000 hombres junto con sus mujeres e hijos, Jesús despidió a la multitud.

Después mando a sus discípulos a una barca para que fueran pasando a la otra ribera mientras el oraba (Mateo 14:22-23).

Una tormenta surgió y empezó a sacudir la barca (v. 24). Durante la tormenta, Jesús se acercó caminando sobre las olas (v. 25). Los discípulos se espantaron (v. 26). Jesús se identificó (v. 27); y Pedro, con su personalidad impulsiva le pidió a Jesús que si era él, que le mandara a caminar hacia Él para que él también pudiera caminar sobre el agua.

Jesús simplemente le dijo: "Ven" (vv. 28-29).

Es posible que Pedro estuviera nervioso, pero con valentía saltó de la barca y fue caminando en dirección a Cristo. Pero al parecer el rugido del viento y el mar agitado lo pusieron nervioso y comenzó a hundirse (v. 30). Jesús lo tuvo que salvar para que no se ahogara.

*"Al momento Jesús, extendiendo la mano, asió de él, y le dijo: ¡Hombre de poca fe! ¿Por qué dudaste?"* (Mateo 14:31, énfasis añadido).

¿Cómo podemos tener fe en algo de lo que no estamos seguros o que cuestionamos como improbable? Si nos rehusamos a creer en algo o no confiamos en ello, seguramente es porque no tenemos fe en eso, ¿verdad?

### Sobreponiéndonos a la duda

Jesús les dio a sus discípulos muchos ejemplos del poder de la fe y de la importancia de sobreponerse a la duda.

*"Por la mañana, volviendo a la ciudad, y tuvo hambre. Viendo una higuera cerca del camino, vino a ella, y no halló nada en ella, sino hojas solamente; y le dijo: Jamás nazca de ti fruto. Y luego se secó la higuera. Viendo esto los discípulos, decían maravillados: ¿Cómo es que se secó en seguida la higuera? Respondiendo Jesús, les dijo: De cierto os digo, que, si tuviereis fe, y no dudareis, no sólo haréis esto de la higuera, sino que si a este monte dijereis: Quítate y échate en el mar, será hecho"* (Mateo 21:18-21).

Vemos que Él dice que debemos tener fe y no dudar. Ése es un problema para la mayoría de nosotros. Podemos pensar que tenemos fe, pero cuando llega el momento de la verdad la duda nos puede paralizar.

## Examinar las pruebas y crecer

Muchas escrituras proféticas tienen la intención de darle esperanza a los cristianos para el futuro. Tengamos en mente un par de ellas:

*"Y cuando aparezca el Príncipe de los pastores, vosotros recibiréis la corona incorruptible de gloria"* (1 Pedro 5:4).

*"Porque el Señor mismo con voz de mando, con voz de arcángel, y con trompeta de Dios, descenderá del cielo; y los muertos en Cristo resucitarán primero"* (1 Tesalonicenses 4:16).

Concéntrese en estas firmes promesas y en la certeza de que Dios dice que las va a cumplir siempre y cuando le obedezcamos con fe. Dios es Todopoderoso y su palabra es verdad.

Recuerde lo que escribió el autor del libro de Hebreos: *"Es, pues, la fe la certeza de lo que se espera, la convicción de lo que no se ve"* (Hebreos 11:1).

¡La fe es evidencia! Es estar absolutamente convencidos que las promesas de Dios, que nos han sido dadas a través de sus profetas y apóstoles, son sólidas como una roca y se aplican a todos y cada uno de los miembros del cuerpo de Cristo.

Siempre que la duda aparezca en nuestras mentes, debemos acudir a Dios para que nos ayude a fortalecer nuestra fe. Debemos mantener en mente escrituras que nos provean evidencia de las promesas de Dios.

### Bienaventurados los que creen

La palabra de Dios dice que son bienaventurados quienes no lo han visto y creen. Juan 20:29 leemos: Jesús le dijo: Porque me has visto, Tomás, creíste; bienaventurados los que no vieron, y creyeron. En Lucas 24:39-41, vemos: Mirad mis manos y mis pies, que yo mismo soy; palpad, y ved; porque un espíritu no tiene carne ni huesos, como veis que yo tengo. Y diciendo esto, les mostró las manos y los pies. Y como todavía ellos, de gozo, no lo creían, y estaban maravillados, les dijo: ¿Tenéis aquí algo de comer?

## 4. EL TEMOR

*"Porque el temor que me espantaba me ha venido, Y me ha acontecido lo que yo temía"* (Job 3:25).

## ¿Por qué teméis?

*"Y entrando él en la barca, sus discípulos le siguieron. Y he aquí que se levantó en el mar una tempestad tan grande que las olas cubrían la barca; pero él dormía. Y vinieron sus discípulos y le despertaron, diciendo: ¡Señor, sálvanos, que perecemos! Él les dijo: ¿Por qué teméis, hombres de poca fe? Entonces, levantándose, reprendió a los vientos y al mar; y se hizo grande bonanza"* (Mateo 8:23-26, énfasis añadido).

Viendo la terrible tormenta desde la perspectiva humana, ellos tenían muchas razones para tener miedo, pero viéndolo desde la perspectiva de Dios, no había razones para no creer porque ellos ya habían visto a Jesús obrar. Pero Jesús les demostró que, si hubieran tenido más fe, recordarían que Dios creó el viento y las olas y que tiene control total sobre ellos.

Según el Diccionario del patrimonio americano, el temor es "un sentimiento perturbador y muy desagradable causado por la presencia o la inminencia de peligro" o "reverencia extrema o admiración hacia una deidad".

La segunda definición se utiliza a través de toda la Biblia para decirnos que debemos tener un respeto total hacia Dios. De hecho, este temor correcto hacia Dios fortalece la fe y echa fuera la duda.

## El temor acaba con tu fe

No es difícil de entender por qué el temor acaba con la fe. Las personas que le temen a cualquier cosa, por naturaleza se enfocan en ellos mismos y en los problemas que están enfrentando, no en Dios ni en su voluntad de ayudarlos en los momentos de necesidad.

¿Existen cosas en esta vida que causan temor? ¡Por supuesto! En la vida diaria tenemos que afrontar una serie de peligros como por ejemplo accidentes, crimen, desastres, etcétera.

En la carta que Cristo le envió a la iglesia en Esmirna, Él les dio ánimo a aquellos que estaban enfrentando momentos difíciles. "No temas en nada lo que vas a padecer. He aquí, el diablo echará a algunos de vosotros en la cárcel, para que seáis probados, y tendréis tribulación por diez días. Sé fiel hasta la muerte, y yo te daré la corona de la vida" (Apocalipsis 2:10).

Si Dios quiere que estemos en su Reino, y definitivamente así lo desea, entonces Él es capaz de encargarse de cualquier cosa que entorpezca nuestro camino hacia esa meta. Por lo tanto, podemos —y debemos— crecer para tener una fe completa en Él. Eso significa que debemos buscar su ayuda para vencer nuestros temores.

## No hay nada a que temer

La Biblia lo dice de una manera sólida y reconfortante: *"De manera que podemos decir confiadamente: El Señor es mi ayudador; no temeré lo que me pueda hacer el hombre"* (Hebreos 13:6).

Claramente no tenemos nada que temer si le estamos obedeciendo a nuestro Dios todopoderoso. *"Porque no nos ha dado Dios espíritu de cobardía y de temor, sino de poder, de amor y de dominio propio"* (2 Timoteo 1:7).

Recordemos que estos enemigos de la fe se enfrentan con la Palabra de Dios. Esforcémonos por mantenerlos fuera de nuestra vida al temor. Siempre hay que acudir a Dios en oración, pidiendo su guía, y estar seguros de que Él siempre está presto a ayudarnos para que solucionemos cualquier situación que estemos pasando.

## LA FE Y EL TEMOR NO PUEDEN COEXISTIR JUNTOS

La fe se describe en Hebreos 11:1 como estar "seguros de lo que no vemos". Es una absoluta convicción de que Dios está siempre trabajando tras bastidores en nuestras vidas, incluso cuando no hay pruebas tangibles que apoyen ese hecho. Por otra parte, el temor, en pocas palabras, es incredulidad o una convicción débil. Cuando la incredulidad empieza a dominar nuestros pensamientos, el temor se apodera de nuestras emociones. Nuestra liberación de la preocupación, el razonamiento, la duda y el temor se basa en la fe, que es todo lo contrario de la incredulidad. La fe cristiana es una garantía segura en un Dios que nos ama, que conoce nuestros pensamientos y se preocupa por nuestras necesidades más profundas que tenemos. Esa fe sigue creciendo a medida que estudiamos la Biblia y aprendemos los atributos de su maravilloso carácter. Cuanto más aprendamos acerca de Dios, más podemos verlo obrando en nuestras vidas y nuestra fe crece más fuerte.

Una fe creciente es lo que deseamos tener y lo que Dios quiere producir en nosotros. Pero ¿cómo en la vida diaria, podemos desarrollar una fe que vence nuestros temores? La Biblia dice, *"La fe es por el oír, y el oír, por la palabra de Dios"* (Romanos

10:17). El estudio cuidadoso de la palabra de Dios es de primordial importancia en el desarrollo de una fe fuerte. Dios quiere que lo conozcamos y que confiemos totalmente en Él para que dirija nuestras vidas. Es a través de escuchar, leer y meditar en las escrituras, que comenzamos a experimentar una fe fuerte y segura que excluye la preocupación, el razonamiento, la duda y el temor. Tengamos tiempo de quietud en oración y adoración, desarrolla una relación con nuestro Padre celestial, que incluso nos ve a través de la más oscura de las noches. En los Salmos, podemos ver una imagen de David, quien, como nosotros, experimentó momentos de temor. Salmos 56:3. David revela su fe con estas palabras: *"En el día que temo, yo en ti confío"*. El Salmo 119 está lleno de versículos que expresan la forma en que David atesoraba la palabra de Dios: *"Con todo mi corazón, te he buscado; no me dejes desviarme de tus mandamientos"* (v. 10); *"En tus mandamientos meditaré; consideraré tus caminos"* (v. 15); *"En mi corazón he guardado tus dichos, para no pecar contra ti"* (v. 11). Estas son palabras reveladoras que nos brindan sabiduría hoy en día.

Dios es bondadoso y comprensivo respecto a nuestras debilidades, sin embargo, Él quiere que sigamos adelante en fe, y la Biblia es clara en cuanto a que la fe, no madura y no se fortalece si no hay pruebas. La adversidad es la herramienta más eficaz de Dios para desarrollar una fe fuerte. Dios toma a cada uno de nosotros a través de situaciones aterradoras, y en la medida que aprendemos a obedecer la palabra de Dios y le permitimos que sature nuestros pensamientos, nos damos cuenta que cada prueba o tribulación se convierte en un peldaño para una fe más sólida y profunda. Nos da esa capacidad para decir, "¡Él me sustentó en el pasado, me sostiene hoy y me sostendrá en el futuro!". Dios obró de esta manera en la vida de David cuando se ofreció para pelear contra Goliat, dijo: *"El Señor, que me ha librado de las garras del león y de las garras del oso, él también me librará de la mano de este filisteo"* (1 Samuel 17:37). David conocía al Dios que lo había sostenido a través de situaciones peligrosas en el pasado. Él había visto y experimentado el poder y la protección de Dios en su vida, y esto desarrolló dentro de él una fe audaz que lo llevo a no temer.

La palabra de Dios tiene abundantes promesas para que nosotros las tomemos y las reclamemos. Cuando nos enfrentamos a problemas financieros, Filipenses 4:19 nos dice, *"Mi Dios, pues, suplirá todo lo que os falta conforme a sus riquezas en gloria en Cristo Jesús"*. Si estamos ansiosos por una decisión futura, el Salmo 32:8 nos recuerda que Dios te dice *"Te haré entender, y te enseñaré el camino en que debes andar; sobre ti fijaré mis ojos".* En la enfermedad, podemos recordar que Romanos 5:3- 5 dice, *"Y no sólo esto, sino que también nos gloriamos en las tribulaciones, sabiendo que la tribulación produce paciencia; y la paciencia, prueba; y la prueba, esperanza; y la esperanza no avergüenza; porque el amor de Dios ha sido derramado en nuestros corazones por el Espíritu Santo que nos fue dado".* Si alguien se vuelve en contra de nosotros, podemos ser consolados por las palabras de Romanos 8:31, *"... Si Dios es por nosotros ¿quién contra nosotros?".* A lo largo de toda la vida seguiremos enfrentándonos a diversas pruebas que nos causarán temor, pero Dios nos asegura que podemos experimentar la paz a través de cada situación: *"Por nada estéis afa-*

*nosos, sino sean conocidas vuestras peticiones delante de Dios en toda oración y ruego, con acción de gracias".* Filipenses 4:7. Y la paz de Dios, que sobrepasa todo entendimiento, guardará vuestros corazones y vuestros pensamientos en Cristo Jesús. ¡Así que no tenga temor!

**Concluimos:**

- Una vez más, los cuatro enemigos de la fe que vimos en este capítulo son: la preocupación, el razonamiento, la duda, y el temor. Nuestro objetivo debe ser no ceder nunca ante ellos y ser fuertes en la fe en todo momento. De hecho, es un objetivo bastante elevado, pero con la ayuda de Dios lo podemos lograr.

- Para sacar estos cuatro enemigos de la fe de nuestra vida, debemos permanecer cerca de Dios. Cuando recibamos la visita de la preocupación, el razonamiento, la duda, el temor, inmediatamente debemos hablar con Dios al respecto.

- Debemos pedirle a Dios todos los días en nuestras oraciones que nos ayude a crecer en la fe. Pero también podemos acudir a Él en cualquier momento. Podemos hablar con Dios mientras conducimos, trabajamos o comemos. Lo importante es mantener una comunicación continua con Él, especialmente cuando nos está rondando alguno de estos enemigos de la fe.

# CONCLUSIÓN Y PENSAMIENTOS FINALES

La fe desempeña un papel fundamental en la relación del creyente con lo divino. En el cristianismo, la fe se presenta como una moneda que, cuando se invierte con confianza en Dios, puede desencadenar la manifestación de sanidades y milagros. Este ensayo explorará la importancia de la fe como esa moneda divina y cómo los versículos bíblicos respaldan esta perspectiva.

La fe, según la Biblia, es un concepto central que impregna toda la narrativa espiritual de las Escrituras. Hebreos 11:1 proporciona una definición clara y concisa, presentando la fe como *"la certeza de lo que se espera, la convicción de lo que no se ve"*. Este pasaje, a menudo llamado "el capítulo de la fe", destaca cómo la fe va más allá de lo tangible, conectando al creyente con una realidad espiritual que trasciende la percepción sensorial.

En Romanos 10:17, se nos dice que *"la fe viene por el oír, y el oír, por la palabra de Dios"*. Aquí, la fe se relaciona directamente con la Palabra de Dios, revelando que el fundamento de la fe es la revelación divina. La fe bíblica no es simplemente creer en algo abstracto, sino confiar en la autoridad y veracidad de la Palabra de Dios.

La fe, en el contexto bíblico, implica un compromiso activo con Dios. No es solo un asentimiento intelectual, sino una entrega del corazón y la voluntad. Abraham, el "padre de la fe", es un ejemplo destacado de esta dinámica. Su fe se evidenció en su disposición para obedecer a Dios, incluso cuando las circunstancias parecían desafiantes e incomprensibles.

La fe bíblica también se manifiesta en la confianza en el carácter de Dios. La Biblia presenta a un Dios fiel, que cumple sus promesas y guía a su pueblo. La fe, por lo tanto, implica confiar en la bondad, sabiduría y soberanía divina, incluso en medio de las incertidumbres de la vida.

La relación entre la fe y las obras es otro aspecto crucial en la enseñanza bíblica. Santiago 2:17 afirma que la fe sin obras está muerta. Esto no implica que las obras puedan ganar la salvación, sino que la fe genuina produce una vida transformada que se expresa en acciones coherentes con la creencia.

Así pues, la fe en la Biblia es mucho más que una creencia pasiva; es una certeza basada en la Palabra de Dios, una entrega activa del corazón, una confianza en el carácter divino y una realidad que transforma la vida del creyente. La fe bíblica es dinámica, viva y conecta al creyente con la verdad eterna que se revela en las Escrituras.

Por otro lado, la conexión íntima entre la fe y las oraciones respondidas es un tema recurrente en las Escrituras, revelando la esencia misma de la relación entre el creyente y su Creador. Marcos 11:24 destaca la poderosa promesa de Jesús: *"Por tanto, os digo que todo lo que pidáis orando, creed que lo recibiréis, y os vendrá".* Aquí, Jesús subraya la importancia de la fe en la efectividad de nuestras oraciones. La creencia firme y confiada en la respuesta divina se presenta como un componente esencial para la recepción de las bendiciones solicitadas.

Santiago 1:6-7 aborda también este tema, indicando que *"Pero pida con fe, no dudando nada; porque el que duda es semejante a la onda del mar, que es arrastrada por el viento y echada de una parte a otra. No piense, pues, quien tal haga, que recibirá cosa alguna del Señor".* Aquí, se enfatiza la necesidad de una fe inquebrantable al presentar nuestras peticiones a Dios. La duda, al contrario, se presenta como un obstáculo que puede socavar la eficacia de nuestras oraciones y obstaculizar la respuesta divina. Mateo 13:58 Y no hizo allí muchos milagros, a causa de la incredulidad de ellos.

La fe, en el contexto de la oración, implica confiar en la soberanía y la bondad de Dios. Cuando oramos con fe, reconocemos que Dios tiene el poder y la sabiduría para responder a nuestras peticiones de la manera que mejor se ajuste a Su plan divino. La fe nos permite descansar en la promesa de que Dios siempre actuará en nuestro mejor interés, incluso cuando nuestras circunstancias puedan sugerir lo contrario.

La relación entre la fe y las oraciones respondidas también está vinculada a la alineación con la voluntad de Dios. La fe madura se desarrolla a medida que buscamos el corazón de Dios en nuestras oraciones, deseando Su voluntad por encima de la nuestra. Esta alineación con la voluntad divina fortalece nuestra confianza y abre la puerta a respuestas que se ajustan perfectamente al plan de Dios para nuestras vidas. 1 Juan 5:14-15 *"Y esta es la confianza que tenemos en él, que si pedimos alguna cosa conforme a su voluntad, él nos oye. Y si sabemos que él nos oye en cualquiera cosa que pidamos, sabemos que tenemos las peticiones que le hayamos hecho".*

En definitiva, la fe y las oraciones respondidas están intrínsicamente entrelazadas en la enseñanza bíblica. La fe no solo afecta la eficacia de nuestras oraciones, sino que también define la relación profunda y confiada que mantenemos con Dios al acudir a Él en oración. La promesa es clara: cuando oramos con fe, creyendo que recibiremos, abrimos la puerta a la intervención divina y experimentamos la realidad transformadora de las oraciones respondidas.

La Biblia, como un libro sagrado que abarca siglos de historia y enseñanzas, está repleta de ejemplos de fe que desencadenaron milagros. A través de los relatos bíblicos, se destacan personajes que, mediante su profunda confianza en Dios, fueron testigos de intervenciones divinas que transformaron sus vidas y las de quienes los rodeaban. Dos ejemplos notables de esto se encuentran en las historias de la mujer con flujo de sangre y el centurión romano, cuyas experiencias revelan lecciones atemporales sobre la naturaleza de la fe y su capacidad para desatar lo extraordinario.

El relato de la mujer con flujo de sangre, registrado en Mateo 9:20-22, presenta a una mujer anónima que había padecido durante doce años a causa de su condición. En su desesperación, ella toca el manto de Jesús, creyendo firmemente que, si tan solo pudiera tocar Su vestidura, sería sanada. La fe de esta mujer no solo la lleva a tocar el manto, sino que también atrae la atención de Jesús, quien la elogia por su fe y declara que su enfermedad ha quedado curada. Este episodio ilustra cómo la fe perseverante y la conexión personal con Jesús pueden desencadenar milagros de curación y restauración.

Otro ejemplo impactante se encuentra en la historia del centurión romano en Mateo 8:5-13. Este oficial militar, a diferencia de muchos, reconoce la autoridad de Jesús y busca Su ayuda para sanar a su siervo paralizado. La humildad del centurión se destaca cuando declara que no es digno de que Jesús entre en su casa, pero confía en que una palabra de Jesús será suficiente para sanar a su siervo. Jesús elogia la fe del centurión, diciendo que no ha encontrado una fe tan grande en Israel. La fe de este hombre, basada en el reconocimiento de la autoridad divina de Jesús, resulta en el milagro deseado: su siervo es sanado en ese mismo momento.

Ambos relatos ofrecen enseñanzas valiosas sobre la fe que desencadena milagros. En primer lugar, la fe se manifiesta a través de la acción. Tanto la mujer con flujo de sangre como el centurión romano no se limitaron a creer en silencio, sino que actuaron de acuerdo con su fe. La mujer tocó el manto de Jesús, y el centurión confió en la palabra de Jesús como suficiente para la curación.

En segundo lugar, la humildad y el reconocimiento de la autoridad divina son fundamentales. El centurión romano, a pesar de su posición social, reconoció la superioridad espiritual de Jesús. La mujer con flujo de sangre también mostró humildad al buscar la curación en silencio, confiando en la capacidad de Jesús para sanar.

Estos ejemplos bíblicos de fe que desencadenan milagros son un recordatorio poderoso de que la fe no es simplemente una creencia intelectual, sino una conexión viva y activa con la realidad divina. La fe, cuando se manifiesta a través de la acción, la humildad y el reconocimiento de la autoridad de Dios, tiene el potencial de abrir las puertas a los milagros en nuestras vidas y en la vida de aquellos que nos rodean.

La fe se somete a su mayor prueba en medio de las adversidades, revelando su auténtica fortaleza. Los versículos clave, 1 Pedro 1:6-7 y Mateo 17:19-20, destacan esta realidad. 1 Pedro 1:6-7 aborda cómo nuestras pruebas refinan nuestra fe, equipándonos con una fe más valiosa que el oro. Las dificultades no solo revelan la calidad de nuestra fe, sino que también abren la puerta a milagros.

Mateo 17:19-20 narra la experiencia de los discípulos incapaces de expulsar un demonio. Jesús les señala que su fe, aunque pequeña, puede mover montañas. La prueba de la fe en los momentos difíciles no solo es inevitable sino esencial, ya que estas pruebas, cuando se enfrentan con una fe inquebrantable, desatan poderes divinos que transforman las circunstancias y revelan la grandeza de la fe en medio de los desafíos.

Como punto de cierre en este, es mi deseo recalcar que la relación entre la fe y la confianza en los sueños y propósitos de Dios es un tema central en la narrativa bíblica. A través de versículos clave como

Jeremías 29:11 y Génesis 15:6, la Escritura nos invita a explorar cómo la fe se convierte en el cimiento sobre el cual construimos nuestra confianza en los planes divinos para nuestras vidas.

Jeremías 29:11 se presenta como una promesa reconfortante y poderosa: "Porque yo sé los pensamientos que tengo acerca de vosotros, dice Jehová, pensamientos de paz, y no de mal, para daros el fin que esperáis". Este versículo revela la naturaleza amorosa de Dios y Su compromiso de conducirnos hacia un futuro lleno de esperanza. La fe, en este contexto, se convierte en nuestra respuesta confiada a los planes divinos, incluso cuando los caminos parecen oscuros o desconcertantes.

La fe, en el contexto de Jeremías 29:11, implica confiar en que Dios tiene un propósito definido para nuestras vidas. Esta confianza va más allá de nuestras circunstancias actuales y se funda en la creencia firme de que Dios, en Su sabiduría infinita, está trabajando para nuestro bienestar final. La fe aquí no es pasiva; es una elección activa de confiar en la bondad y la soberanía de Dios, incluso cuando los sueños parecen distantes o las circunstancias parecen desafiantes.

Génesis 15:6 nos presenta otro aspecto esencial de la fe en la relación con los sueños y propósitos de Dios. El versículo declara: "Y creyó a Jehová, y le fue contado por justicia". Aquí, la fe de Abraham se convierte en la base de su justificación ante Dios. Su confianza en las promesas divinas se contabiliza como justicia, lo que destaca la conexión intrínseca entre la fe y la aceptación de los planes divinos.

La fe, en el contexto de Génesis 15:6, no es simplemente una creencia intelectual, sino un compromiso del corazón. Abraham no solo creyó en la existencia de Dios, sino que confió en Sus promesas a pesar de las aparentes dificultades. Esta fe, arraigada en una relación profunda con Dios, se convirtió en el fundamento de la historia redentora que se desarrollaría a través de la descendencia de Abraham.

La fe como confianza en los sueños y propósitos de Dios se manifiesta como un viaje transformador en la vida de aquellos que eligen seguir este camino. Este viaje implica varios elementos clave que ilustran la naturaleza dinámica y profundamente personal de la fe.

La fe comienza con la revelación de los sueños y propósitos de Dios para nuestras vidas. Este proceso puede ser gradual, revelándose a través de la oración, la reflexión en la Palabra de Dios y la dirección del Espíritu Santo. La fe implica estar dispuesto a escuchar, a veces en la quietud de nuestro corazón, para captar las impresiones divinas que nos guían hacia los sueños que Dios tiene para nosotros.

En el relato de Abraham, su viaje comienza con la promesa divina de que su descendencia sería numerosa como las estrellas del cielo (Génesis 15:5). Esta revelación marcó el inicio de un viaje de fe que transformaría la vida de Abraham y tendría un impacto duradero en la historia bíblica.

Pero la fe no es solo una creencia pasiva en los sueños de Dios; es una respuesta activa y comprometida. Implica alinearnos con los propósitos divinos a través de nuestras acciones, decisiones y prioridades. Abraham no solo creyó en la promesa de Dios; también dejó su tierra natal y siguió el llamado divino a una tierra que aún no conocía (Génesis 12:1). Su fe se manifestó en obediencia y acción, lo que demostró su confianza en el Dios que le había revelado sus sueños.

La fe activa también se refleja en la vida de individuos como Moisés, quien, a pesar de enfrentar desafíos y adversidades, lideró al pueblo de Israel fuera de la esclavitud en Egipto. Su confianza en el plan divino se evidencia cuando él, a pesar de sus dudas iniciales, siguió las instrucciones de Dios con valentía y determinación.

El viaje de fe rara vez es lineal o exento de desafíos. A menudo, los sueños de Dios nos llevan por caminos inexplorados, donde la fe se pone a prueba en medio de la incertidumbre. Abraham experimentó esta realidad cuando, a pesar de su avanzada edad y la esterilidad de su esposa Sara, confió en la promesa de que serían padres de una gran nación (Génesis 17:17-19).

La fe en medio de la incertidumbre no niega la realidad de los obstáculos, sino que elige confiar en la fidelidad de Dios más allá de lo que los ojos pueden ver. Esta fe perseverante se convierte en un testimonio poderoso de la confiabilidad de Dios, incluso cuando los sueños parecen estar en peligro.

El viaje de fe a menudo implica enfrentar desafíos y pruebas que ponen a prueba nuestra confianza en los sueños de Dios. José, en el Antiguo Testamento, experimentó una serie de desafíos desde la traición de sus hermanos hasta ser injustamente encarcelado en Egipto. Sin embargo, su fe en los sueños que Dios le había dado lo sostuvo a lo largo de sus pruebas. Finalmente, José vio la realización de los sueños divinos cuando fue elevado a un alto cargo en Egipto y pudo salvar a su familia durante una.

*La* **fe**, *presentada como la moneda divina en la Biblia, emerge como un elemento esencial en la relación entre el creyente y Dios.*

*A través de un análisis de versículos bíblicos claves, hemos explorado cómo la* **fe** *actúa como el catalizador para la manifestación de milagros.*

*Al entender y aplicar la* **fe** *en nuestra vida diaria, podemos abrir la puerta a la intervención divina y experimentar la grandeza de la obra de Dios.*

¿Estás listo?